水上マーケットの朝、アヒル粥の夜

あっちこっちベトナム旅ごはん

高谷亜由

幻冬舎

ベトナムの主な都市

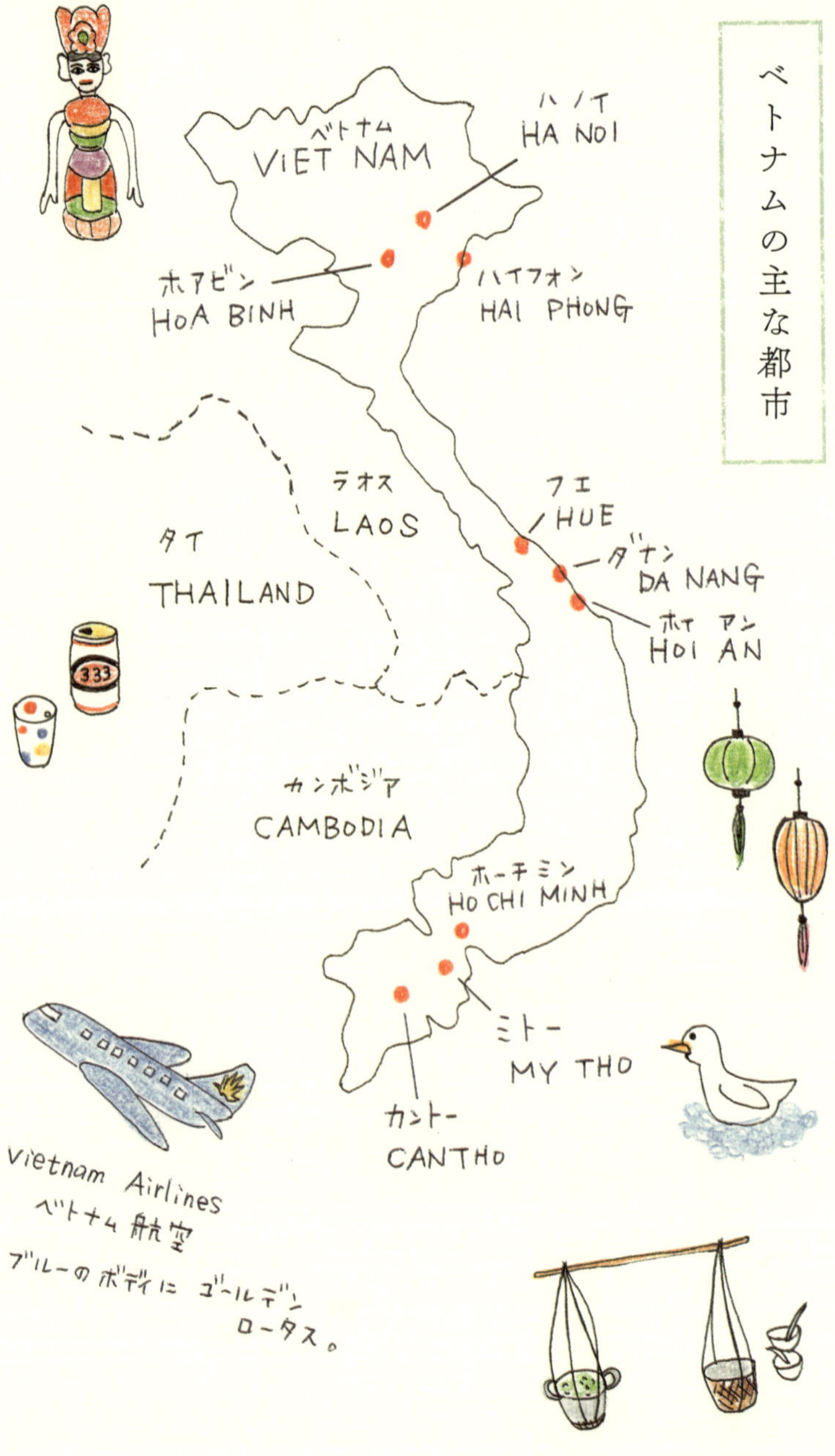
ベトナム
VIET NAM
ハノイ
HA NOI
ホアビン
HOA BINH
ハイフォン
HAI PHONG
ラオス
LAOS
タイ
THAILAND
フエ
HUE
ダナン
DA NANG
ホイアン
HOI AN
カンボジア
CAMBODIA
ホーチミン
HO CHI MINH
ミトー
MY THO
カントー
CANTHO
333
vietnam Airlines
ベトナム航空
ブルーのボディにゴールデンロータス。

ベトナムとはこんなところ

本書に登場するベトナムの街

ホイアン HOI AN

トゥボン川のほとりに開けた小さな街。日本や中国文化の影響を受け、世界遺産にも登録されたノスタルジックな古い街並みが、世界中の旅行者を魅了します。

ハノイ HA NOI

北部の中心である首都ハノイは、1000年以上の歴史をもつ古都。街は豊かな水と緑に彩られ、穏やかで落ち着いた印象。

ダナン DA NANG

中部観光の拠点になる街。近年はリゾート開発が進み、日本からの直行便も就航。ハノイやホーチミンに比べ、時間の流れがゆったりとしていてなごみます。

ミトー MY THO

メコン川流域に広がる「メコンデルタ」の玄関口。ホーチミンから車で3時間ほど、日帰りで行くクルーズツアーが人気です。

ホーチミン HO CHI MINH

南部の中心で、ベトナム最大の商業都市。高層ビルとバイクがあふれるエネルギッシュな街。ベトナム戦争が終わるまでは「サイゴン」とよばれていました。

フエ HUE

かつて都が置かれていた歴史あるフエ。王宮や帝廟など、たくさんの見所が旅行者に人気の観光地。街はいたってのんびりとした雰囲気です。

カントー CAN THO

メコンデルタ最大の街。観光スポットの水上マーケットでは、豊かな自然と雄大なメコン川を堪能できます。

ハイフォン HAI PHONG

ハノイ近郊の港町。観光名所は少ないが、市内にはフランス統治時代のコロニアルな建物が多く残っています。

気候とベストシーズン

ベトナムは雨季／乾季に分かれ、全体的には高温多湿の気候が特徴。南北に長く、地域によってかなり気候が異なるため、各都市のベストシーズンも異なります。

北部	中部	南部
ゆるやかな四季があり、夏は40℃を超える猛暑を記録する一方、冬には10℃前後まで気温が下がります。1年を通して湿度が高いのも特徴。ベストシーズンは9月～11月頃。	中部地方の雨季／乾季は、北部や南部と逆転します。訪れるなら乾季の初め、3月～5月がおすすめ。真っ青な海と空を満喫できます。	季節を問わず、最高気温は30℃を超える常夏の南部。雨が降らない乾季は湿度が下がるため、比較的涼しくなります。ベストシーズンは12月～4月頃。

オススメの旅コース

料理教室ツアーや友人とのプライベート旅行をもとに、実際に私がたどったことがある旅程を２パターン、下記にまとめてみました。実際の店舗名も記載しています。詳細は、巻末の住所録に載せています。

- １都市をじっくり満喫するのであれば、２泊４日（＋機中１泊）。
- ２都市滞在であれば、３泊５日(＋機中１泊)。
- さらに１都市へ足を伸ばすのであれば、４泊６日（＋機中１泊）。

ハノイの旅 ２泊４日

ハノイの街並みを散策しながら郷土料理やローカルグルメを満喫。郊外まで足を伸ばし、少数民族村を訪れる旅程。

DAY 1 １日目

10：30 大阪 ー 飛行機 ー 13：05 ハノイ

●タクシーで市内へ～チェックイン～旧市街散歩

おやつ…路上のチェー屋で体内時計をベトナムに合わせる

チェー・ボン・ムア／Che Bon Mua（チェー屋）

●ホアンキエム湖散歩～水上人形劇

夕食…ビア・ホイで乾杯！

ハイ・ソム／Hai Xom（ビア・ホイ）

DAY 2 ２日目

朝食…早起きして旧市街のフォー屋に並ぶ

フォー・ザー・チュエン／Pho Gia Truyen（牛肉フォー専門店）

●日帰りホアビンツアー～ムオン族の村で昼食

夕食…焼き鳥屋台でビール

ビン・ミン／Binh Minh（焼き鳥専門店）

DAY 3 ３日目

朝食…蒸し春巻きと古民家カフェをはしご

バイン・クオン／Banh Cuon（蒸し春巻き屋台）

カフェ・フォー・コー／Cafe Pho Co（カフェ）

●旧市街散策、市場で調理道具や雑貨の買い出し

昼食…お腹をすかせてブン・チャーにのぞむ

ダック・キム・モッ／Dac Kim 1（ブン・チャー専門店）

●ホテルで昼寝&パッキング～チェックアウト

夕食…少数民族料理と地酒

ハイウエイ・フォー／Highway4（少数民族料理レストラン&バー）

DAY 4 ４日目

0：05 ハノイ ー 飛行機 ー 06：40 大阪

ホーチミン滞在の中に、さらに1泊2日のミニツアーを加えた旅程。都会と自然を行ったりきたりでのんびりできます。

ホーチミン&メコンデルタの旅 3泊5日

DAY1 1日目

10:30 大阪 — 飛行機 — 13:50 ホーチミン

●タクシーで市内へ～チェックイン

オープンカフェのハッピーアワーでビールを1杯、体内時間をベトナムに合わせる

リファイナリー／The Refinery（カフェ&ビストロ）

●ベンタイン市場散策～ナイトマーケット

夕食…ベンタイン・ナイトマーケットの食堂

DAY2 2日目

●メコンデルタの旅、カントー1泊2日

朝食…バイン・ミーをテイクアウト

バイン・ミー・フーン・タオ／Banh Mi Phuong Thao（バイン・ミー屋台）

ニュー・ラン／Nhu Lan（ベーカリー）

●乗合タクシーでカントーへ

昼食…サービスエリアの食堂

●カントーでチェックイン～夕焼けボートクルーズ～ホタルを見に行く

夕食…アヒル粥宴会

DAY3 3日目

●水上マーケット見学

朝食…水上ボートの屋台

●カントー散歩

昼食…大衆食堂「コム・ビン・ザン」でおかず＋白ごはん

●バスでホーチミンへもどる

夕食…ヤギ焼き肉&ヤギ鍋

ラウ・イェー・チュン・ディン／Lau De Truong Dinh（ヤギ鍋専門店）

DAY4 4日目

朝食…フー・ティウ

クイン／Quynh（フー・ティウ専門店）

●ベンタイン市場前からバスで中華街・チョロンへ～ビンタイ市場～チョロン散策

昼食…ベトナム風鶏飯「コム・ガー」

コム・ガー・ドン・グエン（東源鶏飯）／Com Ga Dong Nguyen（コム・ガー専門店）

●バスでもどってベンタイン市場～ホテルで昼寝&パッキング～チェックアウト

夕食…ローカルのビアホールから、まったり夜カフェで〆

ホア・ヴィエン／Hoa Vien（ビアホール）

カフェ・ケム・ハイ・ムイ・トゥー／Cafe Kem 24（カフェ）

DAY5 5日目

0:10 ホーチミン — 飛行機 — 07:20 大阪

必ず持って行くもの

旅のかばんは無印良品のキャリーバッグ。これに入るぶんだけが荷物です。身軽な旅は、自分をより行動的にしてくれます。

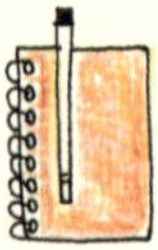

旅日記帳

無印良品のファイルノートを愛用。ペンや色鉛筆も持参。

虫よけと虫さされ用薬

特に雨季にはマストアイテム。蚊以外の虫にも刺されるので、虫さされはしっかりと効くタイプを。

日焼け止め

午前中から降り注ぐ強烈な日差しに備えましょう。

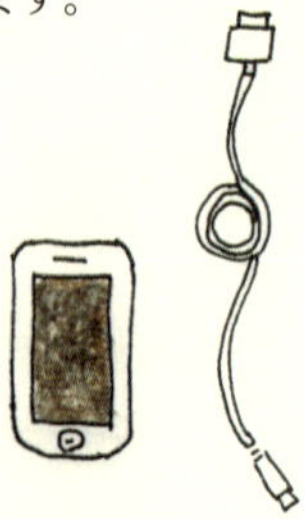

スマートフォンと充電器

カメラ、地図、時計、辞書……と旅先のほうが活躍する私のスマートフォン。ベトナムは街中にフリーWi-Fi完備で便利。

蚊取り線香

季節や場所によっては持って行きます。現地のものは人間も燻り殺されるくらい煙がすごいので、おすすめしません。

のどあめ

排気ガス対策にあると安心。

財布

おおもとになる親財布と、持ち歩く用にはポケットから出し入れできる薄いミニ財布を準備。

本、ガイドブック

日本食よりも日本語が恋しくなるので、小説などの文庫本を1冊持って行きます。ガイドブックも1冊。

肩かけトートバッグ

コンパクトにたためて便利なトートバッグは、市場などの買い出し用に。人が多い場所を歩くときは、リュックでなく肩かけバッグをぎゅっと抱えます。

ビーチサンダル

ホテルで寛ぐときに。バスタブのない部屋では、洗面所の床がびしょびしょに濡れるので履いたりもします。

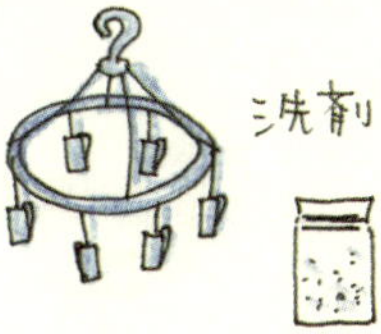

洗剤

物干しハンガー

部屋干し用にミニサイズのものを。洗剤は小袋に入れて持参。

ウェットティッシュ

ティッシュ

屋台で手や食器を拭いたり、汗を拭いてサッパリしたり。ベトナムではおしぼりが有料なので、その代わりとしても重宝します。

携帯雨ガッパ

雨季の急なスコールに備えて。軽い折りたたみ傘も便利ですが、バイクタクシーなどでは使えません。

ロングカーディガン

日よけと冷房対策に必須。川や海の強い日差しには日焼け止めが効かないです。コットンで風通しのよいものを愛用しています。

帽子

これも必須。

手ぬぐい

軽くて乾きも早いので、たくさん持って行きます。首の日焼け対策にもよし。口と鼻のまわりに巻いてマスク代わりにも。

梱包グッズ

プチプチは現地でまとめて買っても安い。

プチプチや新聞紙

買い出した食器や食材の梱包用。

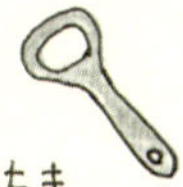

栓抜き

部屋飲みアイテム。ベトナムでは瓶ビールを選ぶことが多いので。

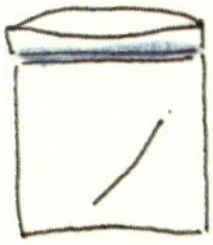

ジッパー付きポリ袋

液体類を機内持ち込みするときの袋を多めに持って行きます。現地でも何かと役立ちます。

はさみ

手荷物だと没収されるので、必ず預け荷物に入れましょう。

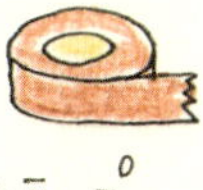

ガムテープ

これも梱包用。100円均一で調達。

私の荷造り

移動は身軽に、滞在中はストレスなく、パッキング作業は楽しみながら……がモットーです。私が実践している荷造りのアイディアをご紹介します。

リュックサックのなか

リュックはケルティのデイパックが定番。

パスポートとeチケットはまとめておく

● 空港や機内では、パスポートと航空券は一緒に出すことが多いのでセットに。貴重品は肌身離さないよう気をつけます。

● 移動中はとにかく両手をあけたい派なので、持ち歩くものはすべてリュック1個にまとめます。

財布
スマホ

ペン
旅日記帳

保湿クリーム

手ぬぐいとウェットティッシュ

ガイドブック
地図だけ破って持ち歩くこともある。

ティッシュ

● 現地滞在中、持ち歩く必要のないパスポートやチケット、親財布は鍵付きスーツケースやセーフティボックスに。ミニ財布やスマートフォンはリュックでなく、パンツの前ポケットに入れてひったくり対策しています。

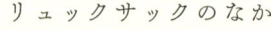

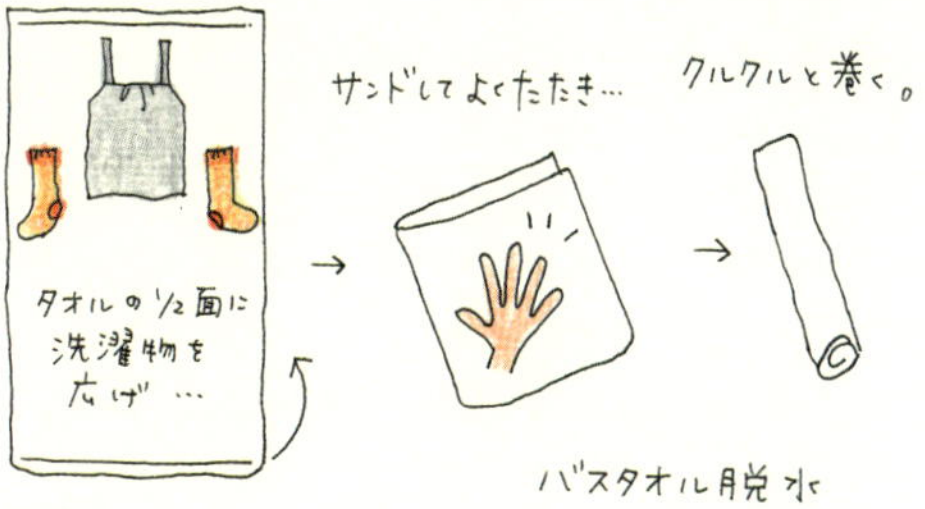
サンドしてよくたたき…
クルクルと巻く。
タオルの1/2面に洗濯物を広げ…
バスタオル脱水

●下着などのちょっとした洗濯は、シャワーついでにほぼ毎日やります。洗濯物はバスタオルではさんでポンポンとたたき、クルクルと巻いて脱水すると乾きが早いです。湿度が高い時季は、クーラーの風に当てて乾燥。
●巻きが甘く、あっというまになくなってしまうベトナムのトイレットペーパー。田舎のホテルなどに滞在するときは、日本から芯を抜いて持って行くこともあります。

ホテルの部屋では……

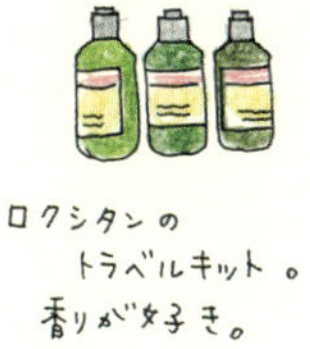
ロクシタンのトラベルキット。
香りが好き。

●洗面具はいつも使っているものを、ミニボトルなどに詰め替えて持って行きます。ロクシタンのバスアイテムを愛用しているので、免税店でトラベルキットを買って行くことも。

変圧器のこと

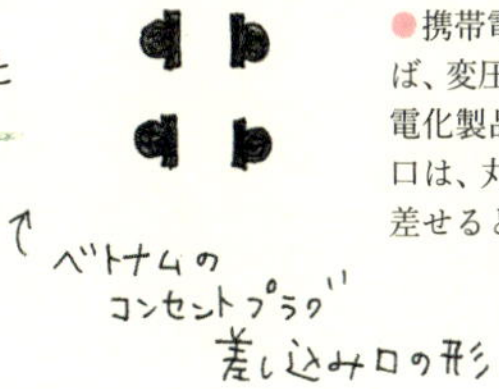
ベトナムのコンセントプラグ差し込み口の形

●携帯電話やデジタルカメラの充電であれば、変圧器なしでも大丈夫。日本の100Vの電化製品には変圧器が必要です。差し込み口は、丸いプラグと平たいプラグの両方を差せるところが一般的です。

現地での梱包

軽い梱包品は四方を服でかためてスーツケースに入れます。
ホーロー食器も意外と弱い。アルミも曲がる…
割れる食器やびん詰め食材は梱包して手荷物に。

●重くて割れやすい陶器などは、プチプチに包んでガムテープでぐるぐると巻き、がっちり梱包してから帰路へ。現地調達するプラかごは丈夫で安定感があるため、食器類はこれに詰め、機内持ち込みにして持ち帰ります。

●プチプチは現地の資材屋でも買うことができます。
●ジッパー付きポリ袋は、チケットやショップカードをまとめたいとき、梱包の甘い市場食材を再梱包するときなどにも役立ちます。

(注)液体系食材は預け荷物に入れましょう。

旅の感動や発見は、いつも手描きの絵日記で残すようにしています。あとから見直したとき、写真よりもずっと思い出すことが多いのです。

旅日記のススメ

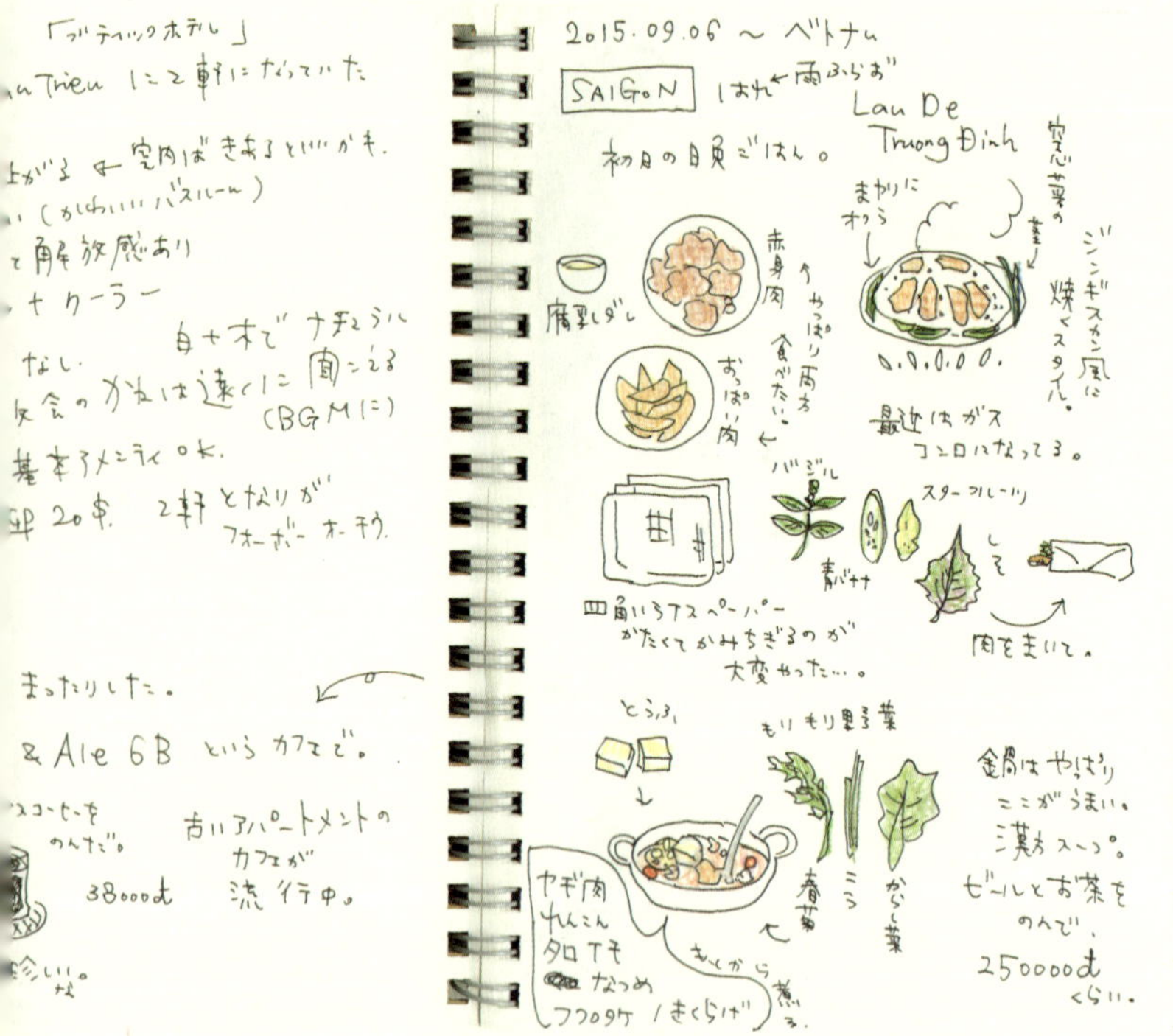

旅日記に描くもの

●食べたもの

料理名や食材のベトナム語、店の住所なども記録。また、食べたときにササッと走り書きした感想が、レシピ作りに意外と役立ったりしています。

●値段

食事代や買い物代はもちろん、市場で交渉していくらだったとか、タクシー移動にいくらかかったなども記録。

●天気

「午後にしっかりした雨、のち涼しい風」「肌寒くて湯気が似合う朝」など、自分が感じたままの言葉で残しておくと、その日の風景がより鮮明に蘇るような気がします。

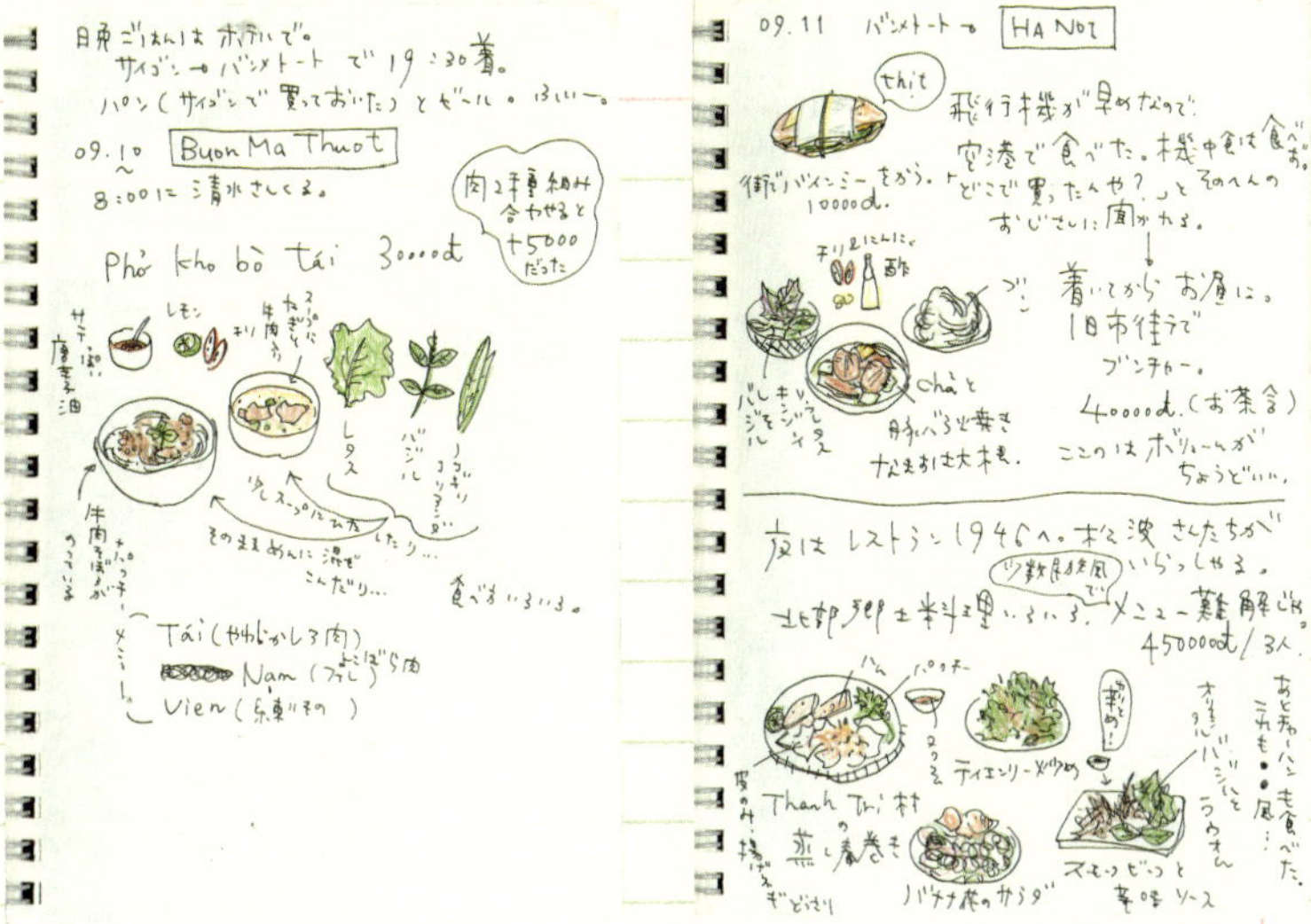
晩ごはんはホテルで。
サイゴン→バンメトートで19:30着。
パン(サイゴンで買っておいた)とビール。ふぃー。
09.10〜 Buon Ma Thuot
8:00に清水さんくる。
Phở kho bò tái 30000đ
肉2種組み合わせると+5000だった
サテーぽい唐辛子油
レモン
チリ
スープにねぎと牛肉が
レタス
バジル
ノコギリコリアンダー
牛肉そぼろがのっている
少しスープに入れたり…
そのままめんに混ぜこんだり…
食べ方いろいろ。
メニュー
Tái(やわらかレア肉)
Nam(フィレ)よこばら肉
Vien(肉だんご)
09.11 バンメトート→HANOI
thit
飛行機が早めなので
空港で食べた。機内食は食べず。
街でバインミーをかう。10000đ.
「どこで買ったんや?」とそのへんのおじさんに聞かれる。
着いてからお昼に。
旧市街で
ブンチャー。
40000đ.(お茶含)
ここのはボリュームがちょうどいい。
チリとにんにく
酢
ブン
バジル
シソ
キャベツ
レタス
Chảと
豚バラ焼き
なますは大根。
夜はレストラン1946へ。松波さんたちがいらっしゃる。
少数民族風で
北部郷土料理いろいろ。メニュー難解。
450000đ/3人.
ハム
パクチー
タレ
茎のみ、揚げネギどっさり
Thanh Trì 村の
蒸し春巻き
ティエンリー炒め
ずーっと
オリジナルバジルとラウオム
バナナ花のサラダ
スモークビーフと
辛味ソース
あとチャーハンみたいな…風…を食べた。

山もりスルメ
好物
青マンゴー
BIA
チリソース
豆板醤みたい。
氷ビールと。
子もちイカ焼き(takeoutの)
晩酌に…
Hàng Bồ 通のゴザ呑みでスルメなど。
4人で600000đくらい。たか〜!!
でも楽しかったからいいか。
09.13 くもり時々雨
すずしい。今朝はハノイに秋がきた。
キンゾーとしそバジル
ブン
一口大にころころかたまりになってどーんと盛ってある
スムトムだれにはレモンが欠かせないと思う。
よくまぜてふんわりしたタレにする。
あつあつ揚げ豆腐
ここのタレはほんまにおいしいなあ。
Bún đậu mắm tôm
朝ごはん。
55 Phat Loc
Chả cơm もたべた。
30000đ/1人。
夕方ビール。
マンゴーとか。
やさしい手作りのラスクと。
コリアンダー味とか
HANDI BEER
今夜は…
18:00にチェックアウトして。
21:40に
ハノイ駅から
サパへ→
チケット70ドル
@ăn nam パーラーさん
Highway4でマンベーし、夕ごはん。
つけ魚とディルの春巻き
生
揚げ春巻
小ナスのピクルス
生ビールでかんぱーい。
おじさんのいびき大きい。
バスの客引きもくる。
6:00くらいにラオカイ着。
着いてひといき。
お茶のエスプレッソ 5000đ
(にしやん命名)
駅前の路上茶屋で。
北部はお茶が濃くて熱くておいしいなあ。
体と頭がシャキーンとする。
ラオカイ→サパ バスで50000đ/人
集まったら出発…で1時間くらい。グネグネと山道をゆく。助手席がながめよかったな。
すごくよい! SAPA LODGE HOTEL

Bánh Mì
PHƯƠNG THẢO
(Ngã tư Pasteur - Võ Văn Tần)
194D Pasteur P.6, Q.3

HA NOI-HAI PHONG EXPR

CÔNG TRƯỜNG
CÔNG XÃ PARIS

CT. 06315

はじめに

私がベトナムに足を踏み入れたのは、大学生で二十歳《はたち》のとき。初めての海外ひとり旅でした。その旅の道中、印象深かった食事がふたつあります。

ひとつは、バイクタクシーのおじさんと食べた朝ごはん。何もかもが慣れないベトナムで警戒しっぱなしの私を、三日間ずっとバイクの後ろに乗せて流暢《りゅうちょう》な英語で案内してくれました。このおじさんと別れる日、小さな食堂で朝ごはんを一緒に食べました。さらさらと黄色いカレーで、真ん中には目玉焼きがのっていて、ちぎったフランスパンをひたしながら食べる。「黄色いスープのようなカレー。目玉焼きは半熟、黄身とカレーがスカスカのフランスパンにしみておいしい」。ノートにそう書きつけた瞬間、目の前の料理への興味がむくむくとふくらみました。

もうひとつは、海辺を散歩しているとき、初対面のベトナム人家族がご馳走してくれた魚のスープ。みんながつつくアルミ鍋には、ぶつ切りの魚、オクラやトマトやパイナップル、見慣れない香草などが一緒くたになってグツグツと煮こまれていた。しょうゆとは違う香ばしい匂《にお》いがする湯気、日本では口にしたことがない酸味と甘味の絶妙な混ざり加減。この湯気は、味のバランスは、一体何からできているんやろう。それに、なんで言葉もまったく通じない旅人に、この人たちはニコニコとごはんを分けてくれるんやろう。

その後、渡航回数は増えつづけ、いつしかベトナム料理を生業《なりわい》とするようになりました。ベトナムの味は着実に日本でも受け入れられ、書店やインターネットで色々なレシピが手に入るし、現地の食材も少しずつ手に入るようになってきました。あのとき食べた黄色いカレーや甘酸っぱいスープだって、今ではすっかり作ることができますが、何を食べているかわからないままに刺激されていたあの頃の好奇心は、相変わらずベトナム料理を作るときの原動力となっていると思う。おじさんが教えてくれたのはカレーの味だけでなく、地元の食堂に入ってごはんを食べる勇気だった。海辺の家族が教えてくれたのは、空腹を満たすためだけの食事でなく、誰かと一緒に過ごすことを楽しむための食事だった。

自分にとって初めてのベトナム料理は、生春巻きでもフォーでもなく、旅先で偶然の出会いが食べさせてくれたささやかなごはんでした。そのおいしさを憶《おぼ》えて以来、私はずっとベトナムの虜《とりこ》なのです。

旅立ちの前、
飛行機を
眺めながら
ビールを1杯。
至福のひととき

もくじ

2

ハノイ

3

ひと足伸ばして

イラスト・写真　高谷亜由
ブックデザイン　児玉明子
取材協力　ベトナム航空

1

ホーチミン

ホーチミンの路地裏で

私がホーチミンを初めて訪れたのは二〇〇一年。二度目のベトナム旅行でした。

その頃のホーチミンは今のような都会ではなく、まだあちこちが空地みたいな街でしたが、それでも前の年に行ったハノイやホイアンとはずいぶん違いました。バイクは多いし速いし、外国人に慣れているのか、みんな英語が上手。ニコニコと話しかけてはくるけれど、一体何を考えているんだろうと思わせるような巧妙な笑顔に少したじろぎました。ハノイで出会った日本人旅行者からも、「ホーチミンはこわかった、ハノイのほうが穏やかでいいよ」と聞いていたのに、なんでそんな街を選んで私はまたやってきたんだろう。緊張して空港に降りたとき、でもなんとなく答えがわかりました。だらりと暑くてうるさくて、思考もいっぺんに鈍らすような熱っぽい空気。それから南国に思い描いていた豪快な空のまぶしさや、あっけらかんと明るい雑踏。これらをハノイでは見つけられなかったから、私はホーチミンに来ようと思ったのかもしれない、と。

「従業員がフレンドリーで初心者も安心」とガイドブックに書かれていたホテルに予約して行ったら、こんなことがありました。夜、従業員の男の子が突然部屋にやってきて、飲みに行こうとしつこく誘うのです。英語もうまく通じ合わないから断ると、ドアの隙間《すきま》に手を入れてグイグイ開けて入ってこようとする始末。思いきってドアをバターンと閉め、「ホーチミン、やっぱりこわい……」と泣きたい気持ちでひと晩を過ごしながら、これがひとり旅というものなんだ、と私は少しずつ冷静になった。ツアーで連れて行ってもらうのとは違う、つまずいても自分で態勢を立て直さなければそれ以上旅は進まない。感動も驚きも悔しさもすぐにはわかち合えないし、わかち合いたければ自分から誰かと繋《つな》がらなくちゃいけない。旅行前にいくら本を読んで空想や心配をしたって、現実というのはもっとずっと直球で圧倒的なんだ。

一度腹をくくってしまえば、たいていのことはどうにかなるのだと思えるようになります。翌日、私は安宿街の一角で小さな旅行会社を営む日本人を訪ね、新しい宿を紹介してもらいました。今度は宿の人と仲良くなってベトナム語を習ったり、出会う旅行者とも少しずつ親しくなり、一緒に食事をする仲間ができた。宿近くの路地裏にお気に入りの食堂を見つけ、毎日通って厨房を眺めているうちに、私もベトナム料理を作ってみたいと思うようになった。自分の目や口や手を使って切り開く旅の道では、ガイドブックとは比べものにならない魅力的な世界が待っていることを知りました。

あれから十四年。その宿も食堂もなくなってしまいましたが、ホーチミンの路地裏で同じような食堂の前を通るたび、世界でたったひとつのこの街が、自分に旅のイロハを教えてくれたんじゃないかと思うのです。

ボチボチ、いきますか

八時にアラームが鳴って目を覚まし、窓の外が妙に静かなことに違和感をおぼえ、そうか、まだ六時なんだと気がついた。スマートフォンの時計を二時間巻きもどしてベトナム時間にすることを、着いてからすっかり忘れていたのです。しばらくベッドの上でじっとしていたけれど、鶏の鳴き声につられてガラガラとシャッターの開く音が聞こえ、通りではバイクのクラクションが響き始める頃、空腹を誘う匂いが外から部屋の中にまで入ってきたような気がして、いてもたってもいられずにエイヤと飛び起きました。ベトナムにやってくると、私は早起きになる。そして日本では起きぬけになかなか動き出さない胃袋も、ちゃんと朝ごはんを待ちかまえるようになる。簡単に身仕度をすませ、サンダルを

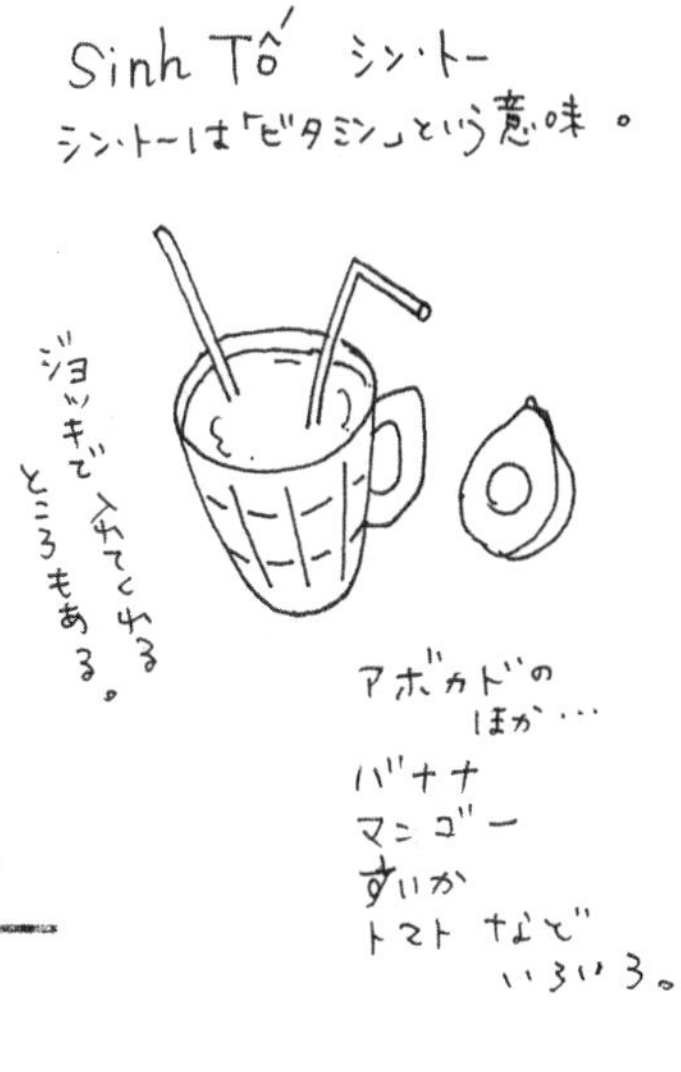
Sinh Tố シン・トー
シン・トーは「ビタミン」という意味。
ジョッキで入れてくれるところもある。
アボカドのほか…
バナナ
マンゴー
すいか
トマト など
いろいろ。

つっかけて外へ出ます。細い路地からファン・グー・ラオ通りへ出れば、すでにバイクと車と自転車の狂想曲は始まっていて、路上駐車と路上屋台のせいで歩道を歩くこともままなりません。舗装がいい加減な道のでこぼこした感触を、薄っぺらいサンダルの足の裏に感じながら、西へ向かってどんどん歩く。ふいに路駐のバイクが途切れ、目の前に果物の鮮やかな色がとびこんできました。

たどり着いたのは、安宿街のはずれにある小さな市場です。石造りの建物に隣接する形でカラフルなビニールテントがあちこちへ張られ、その下にさまざまな生鮮食品店が軒を連ねています。果物屋にはマンゴーやバナナやドラゴンフルーツ、ラグビーボールのようなすいか。野菜売り場では種類豊富なハーブが幅をきかせ、きゅうりなんて日本のよりもずいぶん太い。丸いアルミ盆に商品を並べているのは魚屋さん。まだ生きていてピチピチはねるナマズ、つやつやと輝く貝の山、筒状にぶつ切りにされた魚は新鮮そのもの。細く削られて袋いっぱいに詰められたココナッツの実や、白や黄の色とりどりな食用花、瓶詰めのカラメルや小さなカレー粉の袋などは、いかにも南部の市場らしい風景。食料品のほかに、ちょっとした衣料やサングラス、洗剤などの日用雑貨も売られています。食材の向こうには店主が威風堂々と座り、立て膝《ひざ》で包丁をふりあげ豚肉を切り分けていたり、えびの殻を黙々とむいていたり、常連客と百戦錬磨どうしの値段交渉に白熱している模様。地面はあちこちから流れ出る水でぬかるんでいるから、サンダルの足元は危うくそろそろと進む。買い物かごをぶら下げたおばさんとすれ違いざまにぶつかって、冷やかし専門の素人は「シン・ローイ（ごめんなさい）」と弱気な声を出して許してもらう。こうやって朝の市場を散歩するたび、この土地はなんと豊かなのかと心から感動せずにいられません。

市場の端っこにある食堂街で小休止。朝食前の胃袋をならすために、シン・トー（フルーツシェイク）の屋台を探します。あたり一面には、何かを炭火で焼いているような香ばしい匂い。ここにはフォーなどの米麺、お粥《かゆ》や砕き米といった定番朝食メニューはもちろん、生春巻きのような「ザ・ベトナム料理」までちゃんとあるし、おやつやドリンク屋も充実していて、ちょっとしたベトナム料理の見本市のようです。生鮮売り場の喧噪と相まっていかにもB級グルメ街といった風情ですが、値段が安く早朝から開いていることもあり、ここで食事をしている外国人旅行者の姿も見かけます。英語が通じたり、ぶら下がった看板にちゃんと値段が表記されていたりするのがその理由かもしれません。

ベトナム料理には時間を問わずお店で食べられるものもありますが、時間帯やシチュエーションによって、食べるものや食事する場所にはなんとなく決まりがあります。たとえば、朝ならほとんどが外食だし、昼はいつもの食堂からのテイクアウト弁当、夜はみんなとワイワイにぎやかに飲みに出かける、といったふう。朝ごはんは、ベトナム人にとって一日を始めるための軽いワンステップ。「ディエム・タム」ともよばれ、それは直訳すると「点心」という意味で、つまりは軽い食事のことを指します。やさしく頼りないスープ麺、小ぶりなお椀によそわれたお粥やおこわ、ふわふわと軽いフランスパンなどを外で食べてバイクにまたがり、「さーて、ボチボチいきますか」と肩の力を抜いてスタートラインに立つ。

ベトナムへ着いた翌朝は、そんなベトナム人の食生活リズムに合わせることが私の旅の儀式。市場の隅っこでツルツルと麺を食べたり、とろりと甘いシン・トーをすすっていると、「旅が始まるよー!」といつも思う。そして、たっぷりと用意された時間の上に旅のスケジュール帳を広げながら、私も思わずつぶやくのです。さて、ボチボチいきますか。

街で食べる朝ごはん

通勤ラッシュが始まる頃、中心部のとある交差点にある、ベトナム風サンドウィッチ「バイン・ミー」の屋台を訪れました。ベトナム語で「バイン・ミー」とはパンのこと、さらに言えばフランスパンが主流で、それを使って作るサンドウィッチの通称でもあります。バイン・ミー屋台の目印は、ガラスケースにディスプレイされたパン、そしてさまざまな具。注文すればその場で作ってくれるので、できたてのおいしさが味わえます。この屋台での私のお気に入りは、ふわふわのオムレツ入りバイン・ミー。テイクアウトして近くの路上カフェに腰かけ、甘いアイスミルクコーヒーと一緒にほくほくとかじる。ホーチミンへ来ると必ず求めてしまう、幸せな朝ごはんのひとこまです。

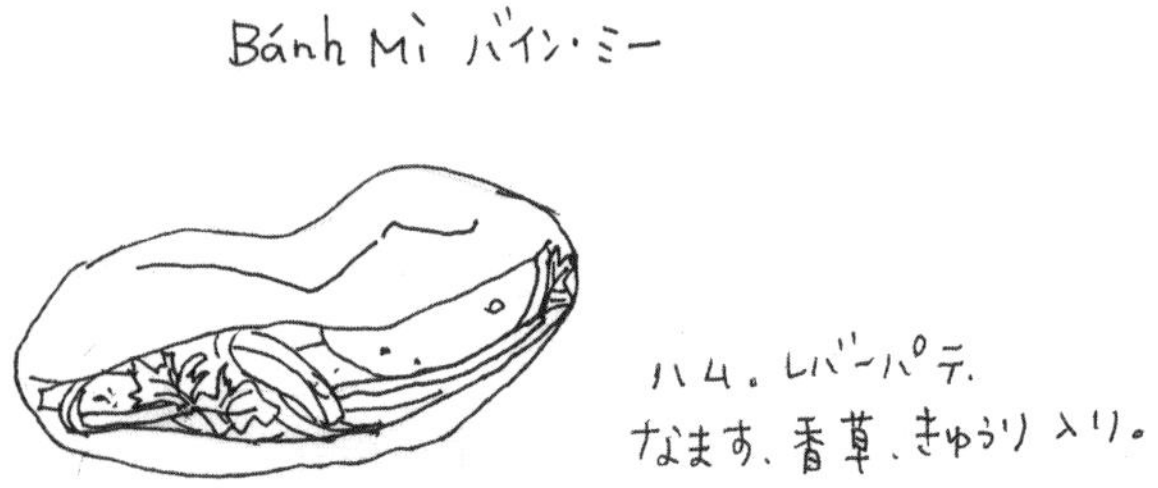
Bánh Mì バイン・ミー
ハム。レバーパテ、
なます、香草、きゅうり入り。

ベトナム人のほとんどは、朝ごはんは外ですませます。日中の暑さのせいか早朝から活動を始める彼らには、自然と身についた習慣なのかもしれません。そのため朝のベトナムには、この時間独特の食風景にあふれ、さまざまな食べ物屋台が並んでいて心が躍る。通勤や通学の前に一緒に麺をすすっている家族、小学校のそばに出る屋台では、子供たちだけでキャッキャッとにぎやかに朝ごはんを食べていることも。慌ただしく食べて颯爽《さつそう》とバイクにまたがるビジネスマンもいれば、テイクアウトしてオフィスで朝食タイムのベトナム人もいます。ゲストハウスのフロントでは、たいがいお姉さんがのんびりなにか食べているし、朝いちばんの仕立て屋に顔を出せば、「ちょっと待ってね」とおばちゃんがレモンジュースを急いで飲み干したりする。滞在中、たまにはホテルのコンチネンタルブレックファストを辞退して、街でエネルギッシュなベトナム点心を味わってみてはいかがでしょうか。

屋台の定番は麺料理、小ぶりな丼に盛られているお粥やおこわ、バイン・ミーはフィリングの種類が多くて目移りしてしまう。ほかほかと湯気を立てる蒸し春巻きや肉まん、砕き米におかずをのせて食べる「コム・タム」という米料理も軽い腹持ちで人気があります。コーヒーや豆乳やフルーツシェイクなど、飲み物だって選びたい放題。

屋台が出る場所もさまざまです。早朝から開いているのは、市場とそのまわりの屋台。市場へ買い出しにやってきた人や、場内で働く人々でにぎわう屋台は、さながら日本の卸売市場を彷彿《ほうふつ》させる風景。ベトナム人にまざって、朝の市場グルメに舌鼓を打つのも一興です。またバイクが行き交う大通り沿いにも、朝ごはん屋台は唐突に登場します。おいしさはバイクの数と比例する、といわれるこの国では、屋台の前に並んだバイクが人気指標。入れかわり立ちかわり訪れる人々で混雑しています。麺やお粥はその場でササッと食べて腹ごしらえ、テイクアウト専門屋台なら、たいていはみんなバイクに乗ったまま注文してお金を払い、受け取ったらブーンと去って行くのでまるでベトナム版ドライブスルーです。そして大通りから小道へ入れば、路地裏にも簡単な屋台がポツリポツリ。こちらは民家やゲストハウスと隣接し合っていることが多いので、より生活感のあるローカルな雰囲気が楽しめます。お客と店主がのんびり世間話をしていたり、ご近所なら出前もするし、ゲストハウスにだってたのめば運んでくれることもあります。路地裏屋台の便利なところは、注文は別に一軒ですませなくてもよい、というところ。たとえば、麺だけを売る屋台にはたいてい飲み物はありませんが、一緒にジュースでも飲みたいなぁと思って注文してみると、どこか近くにある別の屋台にたのんで持ってきてくれたりするのです。また、冒頭のようにサンドウィッチだけをどこかで買って、カフェや路上喫茶に持ちこんで食べる、なんていうのもまったく問題なし。ベトナムらしい、実におおらかなシステムです。

屋台利用法を少しご説明しましょう。店舗をもたず、ある時間帯だけ営業しているのがベトナム屋台の特徴です。看板は掲げていてもメニューが出てくることはまずないので、まわりに座っている人々が食べているものを見て何の屋台なのかを判断します。たいていの場合が「それ」しかないので、注文は意外と簡単。テーブルといすは確実に低く、かばんは膝の上に抱えて食事することになるため、できれば軽装で訪れたいところ。また、衛生面には屋台主も気を遣っていますが、それでも高温多湿の国で絶対的な安全保証はありません。少しでも不安を感じる屋台では食事をしない。一概には言えませんが、人でにぎわっている屋台は食材のまわりも早いため、つねに新鮮な状態で出てくるところが多い。そして、ウェットティッシュやティッシュペーパーを必ず持参。食べる前に箸やスプーン

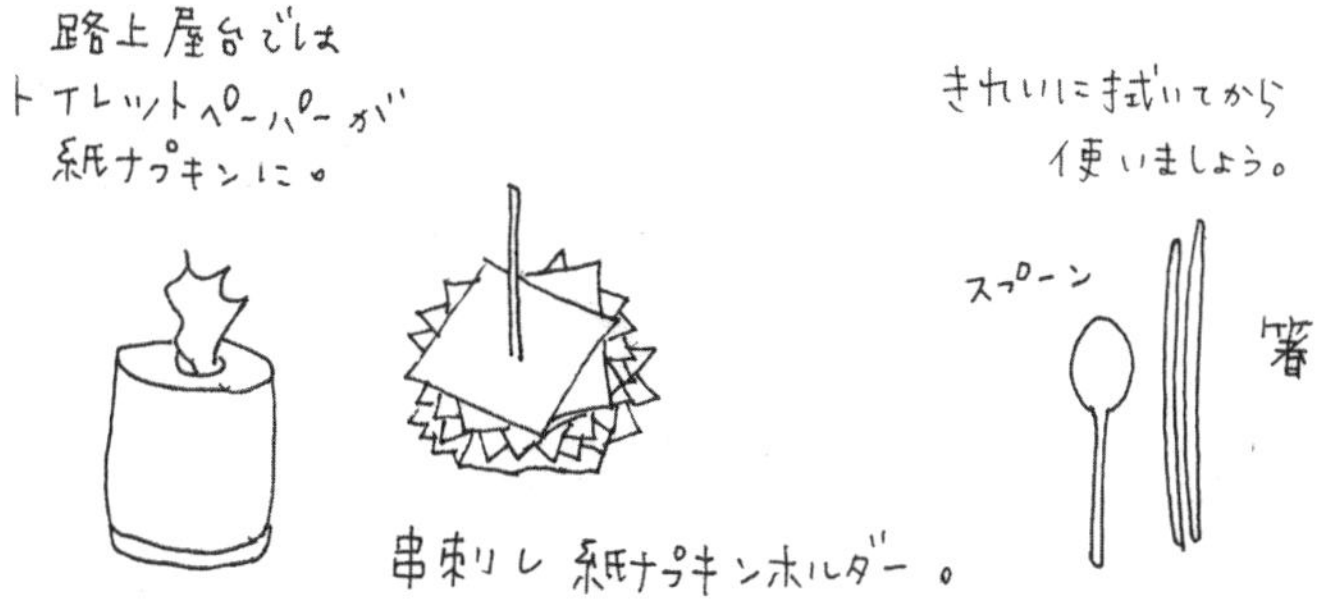
路上屋台では
トイレットペーパーが
紙ナプキンに。
きれいに拭いてから
使いましょう。
スプーン
箸
串刺し紙ナプキンホルダー。

をティッシュや卓上の紙ナプキンで拭く、これはベトナム人もやっている屋台の流儀です。

どうしても屋台には抵抗がある、でもローカルな朝ごはんにチャレンジしたい、という方は老舗《しにせ》ベーカリーの「Nhu Lan(ニュー・ラン)」へ。こちらは屋台ではありませんが、併設されたイートインスペースには、サンドウィッチや麺類など胃袋に負担をかけない朝にぴったりのメニューがずらりと並びます。こざっぱりしたサービスに、英語メニューも置いてあって明朗会計。まわりに目を向ければ、パンはもちろんハンバーガーや肉まんや蒸したお餅《もち》、ケーキや月餅《げっぺい》などのスイーツ、フルーツシェイクのスタンドもあれば、ハムやサラミや子豚の丸焼きなんていうものまでの量り売りコーナーもあり。地元の人たちが食材を求めてひっきりなしにバイクで訪れる、そんな庶民的食風景を眺めながらの朝ごはん。ホテルでは決して味わうことができないおいしさに、ホーチミンの日常を垣間見られるというおまけ付きです。

フランスの置き土産

外の気温はすでに三十度を超え、舗道には地熱がもわもわとにじみ始めました。午前中、特にやるべきことがない日は、朝ごはんを終えたらぶらりと散歩に出ます。通りの緑は鮮やかに光り、地面にくっきりと濃い影を落とす。ホーチミンの街路樹は、かつてフランス統治時代に整備されたといわれ、樹齢百年を超える大木もたくさん生えているらしい。でも、背高のっぽになりすぎて木陰をうまく作れないから、照りつける日差しをちっともやわらげてはくれません。炎天下ではのんびり気ままに歩くこともかないませんが、私には外せない散歩スポットがあります。

ホーチミンの目抜き通りが交差する広場に建つ「中央郵便局」。フランスの駅舎を彷彿させるデザインは、昔のパリのオルセー駅を模したといわれる優美な建築様式で、広々としたアーチ形の天井空間が印象的です。卵色の壁に深緑の柱が映え、足元の古ぼけたタイルはブルーとダークブラウンのコントラストが美しい。中に入り、あっというまに額から噴き出してきた汗をぬぐい、年季の入った木製ベンチに腰かける。入り口からそよそよと吹いてくる涼しい風にほっとしながら、大型バスを降りて次々と外観にカメラを向ける観光客や、地元の人がせっせと故郷へ手紙や荷物を送る姿を眺め、私も誰かに葉書を出そうかなぁとぼんやり考える。向かいにそびえ建つサーモンピンクのふたつの尖塔は「聖母マリア教会」。こちらも十九世紀末のフランス建築で、はるばるマルセイユかられんがを運んで建てられたといいます。高層デパートやお洒落《しゃれ》なブティックであふれる現代的な風景に、今なお建築当時の姿を残したまますっかり溶けこんでいるこの一角、ホーチミン滞在のたび、私はなぜか足を運ばずにはいられません。

十九世紀から二十世紀にかけ、フランスの植民地支配を受けていたベトナム。人々は徹底された同化政策と理不尽な重税に苦しみながらも、いちどきに流れこんできたさまざまなフランス文化や風俗を受け入れ、独自のスタイルに翻訳し直して新しい文化を生み出してきました。街のいたるところに残るコロニアル建築は植民地時代の象徴ですが、そのほかにも、たとえば旅先で目にする言葉にも名残を見つけることができます。

チョコレート	chocolat（ショコラ） ↓ so co la（ショコラー）
チーズ	fromage（フロマージュ） ↓ pho mai（フォーマイ）
ハム	jambon（ジャンボン） ↓ giam bong（ジャンボン）
アーティチョーク	artichaut（アルティショ） ↓ a ti so（アティソ）
ビール	biere（ビエール） ↓ bia（ビア）
せっけん	savon（サヴォン） ↓ xa phong（サーフォン）
映画館	cinema（シネマ） ↓ xi ne（シネ）
車	auto（オト） ↓ o to（オト）

これらはすべて、フランス語由来の言葉がベトナム式綴りと発音になって使われている

ベトナム製フランス語。加工肉食品のパテ「pate（仏：pate）」、ワイン「vang（仏：vin）」、カフェ「cafe, caphe（仏：cafe）」なども、私たち日本人にはどこか耳慣れた響きでしょうか。

また、食への置き土産も見逃せません。代表選手はフランスパンで、本国フランスのものに比べるとふにゃふにゃと軽い食感です。このパンに、同じくフランスからもたされたパテやハムをはさみ、大根とにんじんのなます、香味野菜をトッピングして、しあげに甘いしょうゆやホットチリソースをふりかければ、ベトナム版サンドウィッチ「バイン・ミー」のできあがり。具はほかにも目玉焼き、肉だんご、さつまあげなど、まるでごはんのおかずになりそうなものもあって、西洋と東洋が融合した不思議なおいしさのサンドウィッチです。サンドウィッチ以外にも、麺のスープやカレーを吸わせて食べたり、焼き肉のタレをしみこませて食べたり、バターとはちみつをたっぷりぬって炭火でカリカリに焼いたりと、フランスパンはベトナム人の食生活にはすっかり欠かせない存在となりました。

さて、郵便局まで出かけてきたら、その少し東にある「Kim Thanh（キム・タイン）」へ寄るのが私のお決まりコース。牧場から直送されるフレッシュな自家製牛乳やヨーグルトが有名な軽食店で、レトロなプラスチック容器にも愛嬌があり、テイクアウトして宿の部屋で楽しむこともしばしば。ショーケースにずらりと並んだ菓子パンや、スパゲティやビーフシチューなどの軽い食事もできるので、どこか喫茶店のような懐かしい雰囲気で落ち着きます。スイーツメニューの人気者はプリン。南部では「バイン・フラン」、北部では「ケム・カラメン」といい、ここにもフランス語がうまくまざりこんでいる。コンデンスミルクをたっぷり使ったコクのあるベトナムプリンには、コーヒーを加えたほろ苦いカラメルソースが相性抜群。絶品というほどではないけれど、忘れた頃にふと食べたくなるような、素朴で飽きない味わいがあります。不思議と懐かしさを覚える店内で、すっかり熱くなった道路を走るバイクを遠くに感じながら、小さな匙《さじ》でプリンを口に運び、本日二度目の涼をとる。まだまだ暑い一日は始まったばかりです。

ヨーグルトは
かわいいカップ入り。
Yaou
バイン・フラン
Bánh Flan
南
ケム・カラメン
Kem Caramen
北

チャイナタウン旅情

横浜や神戸に中華街があるように、ベトナムのホーチミンにもチャイナタウンがあります。ホーチミン市の西側に広がる五区と六区は「チョロン」とよばれ、十八世紀以降、ベトナム南部に移住してきた華僑《かきょう》たちが築いた街。現在でも五十万人以上の華人が住んでいるといわれています。中心部の一区から大通りを進んでゆけば、だんだん漢字のまざった看板が目につくようになり、空気もどこか埃《ほこり》っぽくなっていく。チョロンへ行くなら午前中に、は私のひそかな決まりごと。たった数キロ移動するだけなのに、この街は異様なまでに熱をまとっていて、体感温度ががらりと変化するのです。チョロンとは、ベトナム語で「大きな市場」という意味。確かに、どこをどう歩いても飽きることのないエネルギッシュな街並みは、足を踏み入れるとなかなか出口にたどり着けない巨大迷路のよう。早起きした一日は、そんなカオスへいざ。

一区からチョロンへ行く方法はふたつ。ひとつはローカルバス、もうひとつはタクシーです。ベンタイン市場の前にあるバスターミナルから①番のバスに乗り、三十分ほど揺られて終点まで、降りたところがチョロンのバスターミナルです。チョロンというのは地域全体の名前なので、タクシーで向かうならば運転手に伝えるべきは具体的なスポット。おすすめはチョロン歩きの拠点にしやすい「Cho Binh Tay（チョー・ビン・タイ）」、ビンタイ市場です。

ビンタイ市場はいわばチャイナタウンのへそ、旅行者が多く訪れる観光スポットでもあります。完全な卸売市場のため、売り子からしつこく声をかけられることはありませんが、大きな段ボールや布袋を担いだ仕入れ業者が「どいてどいてー」と狭い通路を勢いよく走り抜け、肩すれすれに離合することもしばしば。外側の市場は、わりあいゆっくりと見ることができます。建物をぐるりとかこむように、乾物や干し肉をぶら下げた食材屋、レトロな食器、台所道具などの日用品を積み上げた露店が無数に並ぶ。食堂街の鍋からは、ワンタン麺や肉まん、えび餃子など親しみのある匂いも漂う。市場では店主もお客もいつだって真剣勝負、熱気に押され体力と気力を使い果たして外へ出れば、シクロやバイクタクシーから客引きの洗礼を受けるのがお決まりです。

市場を離れて街を散策すると、路地に入ったとたん、びっしりとひしめく問屋が目に飛び込んできます。一区で見かけるようなお洒落な雑貨店やカフェは皆無、すべてが業者専門の卸売なので旅行者が買えるものにはあまり遭遇しませんが、ときおりまざる広東語に耳をすませ、華人とベトナム人が共存する風景を眺めながら歩いているとひと味違うベトナムに出会う。目抜き通りには、布問屋がこれでもかというくらいずらりと肩を並べます。巨大なロール状に巻かれた色とりどり、柄もとりどりな布たちは集まって一枚のパッチワークのようにも見え、なんともエキゾチックな雰囲気。何本か道をはさんだ向こうには、文房具屋ばかりが集まる通りもあります。ここでは学生さんたちが行き交い、店の人たちもなんとなくのんびりしている。ゴムタイヤやぴかぴかの金属部品を扱っているのは、バイクや自転車の修理屋さん。いつ行っても人でにぎわっているこの一角を通り過ぎるとき、バイクがベトナム人にとっていかに必要不可欠な財産であるかを感じずにはいられません。また、そこここの路上でテントからはみ出て日があたっているのは、鮮やかな赤や黄色や緑の量り売りの果物たち。売り子のおばちゃんのすげ笠にも、同じように日があたっています。

　さて、街歩きに疲れてお腹《なか》がすいたら、早めのお昼ごはんを食べに「Com Ga Dong Nguyen（コム・ガー・ドン・グエン）東源鶏飯」へ。せっかくチョロンまで来たのだから、ベトナム式チャイニーズの味を楽しみます。こちらの看板料理は「コム・ガー」で、「海南鶏飯」の名で知られる中国発祥のチキンライスです。丸鶏からとったスープで炊いた旨みたっぷりのごはんに、やわらかい鶏肉をどっかりとのせ、きゅうりと甘酸っぱいタレが添えられたもの。シンプルで完結したおいしさが印象的です。大きな鍋で蒸されている壺入りスープもおすすめの一品。烏骨鶏《うこっけい》や牛すねをれんこん、アーティチョーク、紅ナツメなどと一緒に煮こんだ漢方スープは、ひと匙すすれば滋味深く胃袋にしみわたります。

Com Gà コム・ガー
ベトナムの鶏飯

ホカホカ蒸される
壺入りスープもウマイ。

食堂から少し東へ歩いたところには、私がチョロンでいちばん好きな場所、「天后宮（ティエンハウ寺）」があります。一七六〇年に創られた由諸あるお寺で、中国にルーツをもつ天后聖母《てんごうせいぼ》という海の神様が祀られているところ。海を渡りやってきた華僑たちにとって、この神様はとても大切な存在。お寺の天井からはうずまき型の線香がたくさん吊るされ、その景色はまるで中国そのものです。さらに本堂前の香炉にも、拝んでは線香を立て、拝んではまた線香を立て、と繰り返しながら熱心に祈る地元の人々を眺めていると、喧噪と混沌にまみれた街でふと、静謐《せいひつ》な時間をとりもどすことができるのでした。

経済成長による都市開発の波は、チョロンへもひたひたと迫りつつあります。今日も働き者の女性たちが商いに精を出す一方、昼間から道端のカフェでコーヒーを飲み、おそらく商売のときよりもずっとまじめな顔で中国将棋を指している男の人たち。そんな下町情緒あふれる風景もいつしか薄れていくのかもしれないと思い、胸に一抹の寂しさをおぼえてしまうのは、やはり旅人のエゴというものかもしれません。

コム・ビン・ザンの手引き

その一　概要

正式名称は「クアン・コム・ビン・ザン」。「クアン・コム＝食堂」「ビン・ザン＝平民」という意味のとおり、ベトナムにおける大衆的な食堂のこと。さながらデパ地下のお惣菜コーナーのように、店頭には色とりどりのおかずがズラリと並んでいるので、ローカル店だが旅行者にも判別しやすい外観。人気店であれば一日に無数の庶民の胃袋をになう、おっかさん的存在の飲食店である。

その二　メニュー

食材のかたよりはなく、肉、魚、卵、豆腐、野菜などを使ったベトナム家庭料理の定番おかずが中心。炒める、煮る、焼く、揚げる、ゆでる、和えるなど調理法も多岐にわたる。白いごはんと食べることを前提に作られているので、素朴で毎日食べても飽きない味つけが特徴である。南部では甘じょっぱく濃厚な味に、北部ではあっさりと薄味にしあげる傾向がある。

「ごはん＋おかず＋スープ」という献立がコム・ビン・ザンの基本だが、スープはたのまなくても問題ない。ごはんにおかずをのせる皿飯と、個々に出てくる別盛りと二種類のスタイルがあり、人数に関係なくどちらにも対応してくれる。たのみ方については「その四　用語集」を参照のこと。

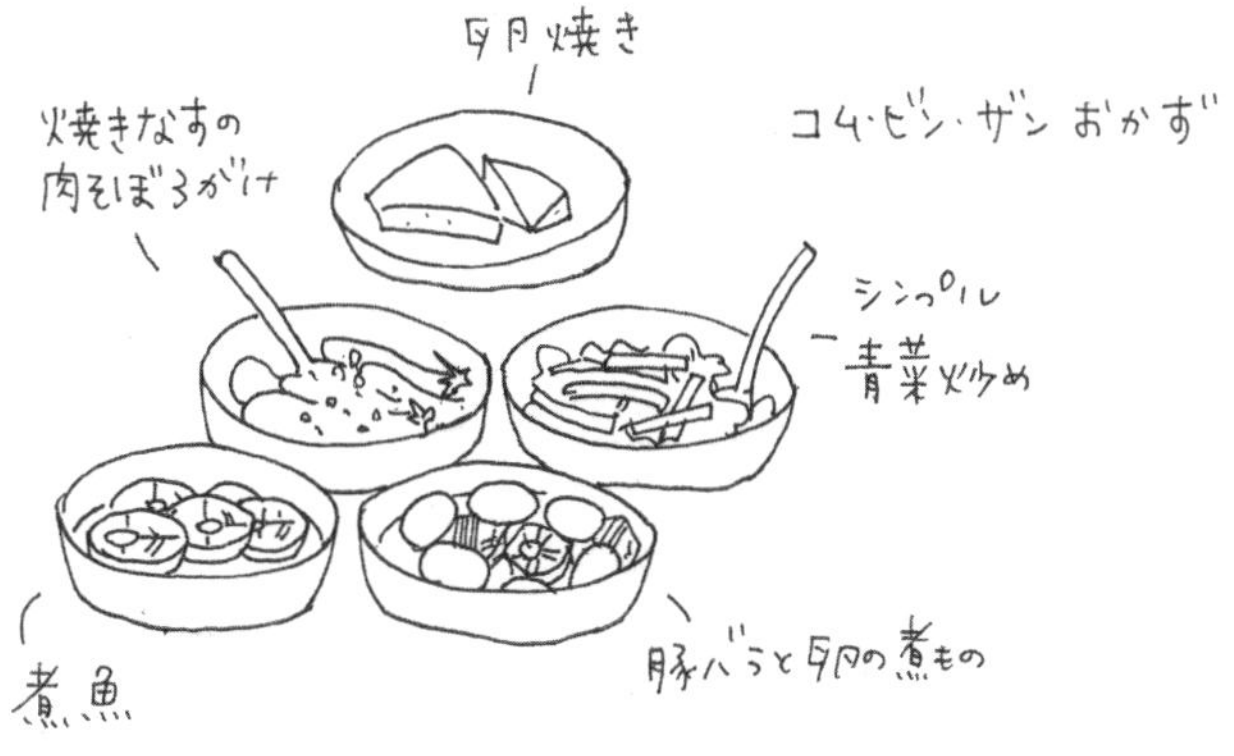

卵焼き
コム・ビン・ザン おかず
焼きなすの肉そぼろがけ
シンプル青菜炒め
煮魚
豚バラと卵の煮もの

ホーチミン

ドリンクメニューはコーラやスプライトなどのソフトドリンク、冷たいお茶などが一般的。アルコール類としてビールを置く店も多いので呑兵衛《のんべえ》も安心して利用できる。

その三　利用方法

まずは店頭に人だかりができている店を選ぶこと。人気店ほど昼時はお腹をすかせたベトナム人が殺到するため、圧倒されないよう心して臨む。「私はここで食べたい！」という強い意志を店員に提示すれば、外国人旅行者にも必ずやおいしさへの道は開ける。営業はだいたい十時頃から、十一時を過ぎるとにぎわい出し、各おかずは売り切れ次第終了となるため、早めに出かけていくことをおすすめしたい。

目の前のおかずに目を奪われてしまうが、最初に人数を伝える。ベトナム語の数字がわからなければ指を立てて示せばよい。店員はそれを受け、盛るごはんやおかずの量を調節する。人数を把握してもらったら、いよいよ好きなおかずを選ぶ。これも指差しで通じる。スープは後ろのほうに置かれた寸胴鍋《ずんどうなべ》に温められていることが多い。自分の目で見て選ぶので、想像していた感じと違う料理が出てきた、という失敗がないのがうれしいところ。

ここまで進めたら席についてしばし待つ。席が確保できない場合は、旅行者らしい不安げな表情で店員に訴える。上階がある店も多く、だいたいどこかの席へ案内してくれるから心配は無用。

さて、無事に料理が運ばれてきたら、たいがいが「人数以上あるのでは……」と思われる大鉢に盛られたごはんをとりわけ、おかずはシェアしてごはんにのせながら食べる。飲み物がほしい場合は席についてから注文する。お腹がいっぱいになったところでお会計。伝票やレジスターはないため、声をかけて店員をよぶ。空いた皿を一瞥して手品のごとくすばやく計算してくれるので、手渡された紙に書かれた値段を支払う。不安があれば、「これはどの料理か？」とその場で臆せず問うのが正しい。会計がすんだら長居は無用、次のお客へさわやかに席を譲るのがコム・ビン・ザンのエレガンスである。

なお、卓上の調味料、ライムや唐辛子、爪楊枝は無料。さりげなく置かれたおしぼりや、注文していないのに食後のタイミングを見はからって出てくるデザートは有料。手をつけたらお会計、となるので留意するべし。

2人です。=Hai nguoi.（ハイ・グゥォーイ）
＊1=mot（モッ）／3=ba（バー）／4=bon（ボン）／
5=nam（ナム）

皿飯=com đia（コム・ディア）

別盛り=com phan（コム・ファン）

（指差しながら）この料理= mon an nay（モン・アン・ナイ）

〜をください。=Cho toi〜.（チョー・トイ〜）

冷たいお茶=tra đa（チャ・ダー）

コーラ=Coca（コカ）

ビール=bia（ビア）

氷=đa（ダー）

箸=đua（ドゥーア）

スプーン=北部：thia（ティア）／南部：muong（ムォン）

お椀=北部：bat（バッ）／南部：chen（チェン）

いらない。（手をふって）=Khong can.（ホン・カン）

お会計！=Tinh tien!（ティン・ティエン！）

おいしい！=Ngon!（ゴーン！）

サイゴンのハーフムーン

ぽっかりと黄色の半月が空に浮かぶ夜、私はバイン・セオが食べたくなります。「バイン・セオ」はベトナムの米粉料理のひとつで、日本ではベトナム版お好み焼きとして親しまれています。「セオ」とは油がはぜる音を意味し、私たち日本人にはジュージューと聞こえるそれが、ベトナム人にはセオセオと聞こえるらしい。なかなか惹きのある名前ではありませんか。以前、どこかの高級レストランで「サイゴンのハーフムーン」という料理名がついていて、なんだか気どっているなぁと思ったけれど、それからはずっと月を見ればバイン・セオ、なのです。

「ホーチミン初心者が不安にならずおいしいものを食べるなら、どこがいいですか?」と聞かれたとき、私の答えはほぼ決まっています。まずは老舗のバイン・セオ食堂、それからおこわと甘味が並ぶ小さな食堂。お洒落なレストランもずいぶん増えてきたけれど、そういうところは私自身がいまひとつ苦手なのですすめにくい。料理人やオーナーが変わって味もガラリと変わってしまった、というのが近頃のホーチミンではよくある話なので、最新のレストラン情報を教えてがっかりさせるのも心苦しい。ベトナムらしさがあってほかでは味わえないおいしさ、値段もそこそこ、初心者を臆させず、でもちゃんと旅先らしい非日常感があるところ。そんなわがままを懐深く受け入れてくれる二軒、ご紹介します。

私が初めてバイン・セオを食べたのは、ホーチミンを二度目に訪れたときでした。連れて行ってもらったのは「Banh Xeo 46A（バイン・セオ・ボン・ムイ・サウ・アー）」。当時からガイドブックに必ず載っていたような有名店で、もちろん今でも健在です。入り口のそばにはたくさんのフライパンが並び、その前で女の人たちが次々とバイン・セオを焼き上げていく。かんかんに油を熱した中華鍋のようなフライパンで具を炒め、そこへ米粉を溶いた生地を流し入れたら、てきぱきと薄く大きく広げていきます。生地に火がとおってきたらもやしや緑豆などをのせ、上にふたをしてサッと蒸す。大量の油を使って高温で揚げ焼きのようにするため、生地はパリパリと軽い食感になっている。しあげにぱこっと

Bánh xèo バイン・セオ
xèo
xèo xèo xèo xèo …

半分に折ればできあがり。ライブ感あふれるこの風景にカメラを向ければ、撮られるお姉さんたちも慣れたもの、カメラ目線でにっこりと微笑んでくれるのがご愛嬌です。

運ばれてきた大きな皿に、思わず私は息をのみました。ほんのりと黄色がかったクレープのように薄くクリスピーな生地、その生地に埋めこまれるようにえびや豚が顔を出し、半月形に折られた隙間からはもやしが元気にはみ出している。黄色の正体は卵ではなくターメリック。湯気にまざったほんのりと甘い香りは、生地に加えられたココナッツミルクです。別皿に盛られたからし菜やハーブが、バイン・セオと同じくらいボリュームがあるのにも目を見張りました。これはどうやって食べるんだろうと眺めていたら、店員さんが身ぶり手ぶりで食べ方を教えてくれました。まず、バイン・セオを適当な大きさに箸でちぎるように切る。それから広げたからし菜にのせ、しそやミント、バジルなどのハーブとともに巻いて、甘酸っぱいタレにちゃぷんと浸してからかぶりつく。なるほど、たっぷりの油を吸った生地も、ピリッと辛いからし菜やみずみずしいハーブ、爽《さわ》やかなタレと相まってさっぱりした後味となります。

こちらでは、目玉商品のバイン・セオ以外にも、実はスタンダードなベトナム料理メニューが充実しています。生春巻き、揚げ春巻き、蓮の茎のサラダ、えびのすりみ揚げや牛肉の串焼き。どれも旅行者にも親しみのあるメニューで、誰もがうなずけるカジュアルなおいしさ。はずせない王道料理を食卓にならべ、ベトナム地ビールと一緒に舌鼓を打ち、しめくくりにバイン・セオを食べれば大満足。わがままな食欲をぬかりなく満たしてくれるところが、老舗店の面目躍如たるゆえんです。

食事時を逃した時間帯なら、「Xoi Che Bui Thi Xuan（ソイ・チェー・ブイ・ティ・スアン）」のおこわやチェー（ベトナムのぜんざい風甘味）で小腹を満たすのがおすすめです。こちらも創業三十年以上と歴史は長く、私にとっても、ずっと変わらない場所にある食べ慣れた味です。それほど広くない入り口前にびっしりと整列するバイクは、ベトナム全土に共通する地元人気店の証。ガラス張りのカウンターの向こう、無駄なく動きまわる店員さんたちにも活気があります。こざっぱり整えられたテーブルには、おなじみのお品書き。ミックス・チェー、寒天のチェー、ざくろのチェー、蓮の実のチェーなどに加え、プリンやヨーグルトなども根強い人気のスイーツ部門。そして、鶏おこわ、豚モツおこわ、五目おこわ、豚皮入り生春巻きといった正しい軽食のラインナップ。むむ、エビフライおこわなんていうのも新しくできているぞ、と感心しながら、結局いつも同じ鶏おこわに落ち着きます。ベトナムのおこわはインディカ種のもち米から作られているので、日本とはずいぶん違って軽い腹もち。のっかる鶏は甘辛いタレでカリッと香ばしく焼かれ、ジューシーな肉を食べやすくほぐし、おこわと和えながら食べます。別添えのなますをまぜたり、卓上のベトナムしょうゆをふりかければ、味が引き締まってさらにおいしい。食後にはもちろん忘れず、あっさりした甘さのミックス・チェーを食べて締め。昼下がりの小腹が満たされたなら、そろそろ夕風が吹いてスコールの時間です。

ライスペーパー小宇宙

くるくる包む。がぶりとほおばる。その瞬間、いろいろな味と食感がいっぺんに弾け、口の中は小宇宙。なんのことかというと、ライスペーパー手巻きです。

米を原料に作られるライスペーパーは、ベトナムを代表する食材のひとつ。恵まれた気候と水から二期作以上に収穫される米は、白いごはんとして食べるだけでなく、この国では麺や餅菓子などさまざまな加工食品となって親しまれています。なかでも、軽くて保存がきき、火を使う必要がなく水でもどせばすぐに食べられる「紙のごはん」は、この国の米文化が生み出した偉大なるスター。昔、戦時下では兵士の携帯食としても重宝されたといわれています。ライスペーパーを使った料理として、日本では生春巻きがすっかりおなじみですが、あらかじめ具を巻いておかなければならない手間のかかる料理は、実は現地では少数派。ベトナムでライスペーパー料理といえば、さまざまなおかずと野菜をのせて、自分の手で巻いて食べる手巻きスタイルがポピュラーです。焼き肉や豚串、揚げ魚や蒸し魚など、単調で野菜不足になりそうな料理たちも、手巻きで食べれば知らないうちに倍以上の野菜が食べられているという勘定。さらには主食も摂取できる。すばらしきかな、これこそがベトナム式一皿完結料理なのです。

さて、ホーチミンは夜の七時。仕事を終えたベトナム人や、昼寝で充電した旅行者が夜の街へ繰り出す頃、閉門したベンタイン市場の両脇の通りは、さながら縁日に姿を変えます。今夜の空腹を満たすのは、にぎやかなナイトマーケットの食堂。数軒並ぶ屋台はいずれも写真付き英語メニュー完備ゆえ、連日観光客の入りも上々です。いわゆる観光客向けレストランではありますが、「どうせ味もそこそこだろう」とはあなどるなかれ。生春巻きや揚げ春巻き、などのわかりやすいメニューの隙間に、見慣れない一品を見つけました。

「ゆで豚肉、露干しライスペーパー巻き」

そういえば、まわりで食事をする地元の人たちを眺めていると、皆がそろって同じものを食べていることに気がつきます。それは、ゆでた豚肉をライスペーパーで巻いたもの。

これ自体は代表的なベトナム料理で、地域によってタレの違いがある程度なので、さほど珍しくはありません。でも露干しライスペーパーとは、なんともロマンティックで惹かれるフレーズ。注文してみると、薄くスライスされた皮付きゆで豚に生野菜やハーブ、甘酢漬けのらっきょう、そして扇形にカットされたライスペーパーが食卓に並びました。

おなじみの「手巻き」作法でほおばった瞬間、しっとりとしてかみ切りやすい、ライスペーパーの独特な食感に目を見張りました。その正体は、「バイン・チャン・フォイ・スン」、訳して「露に干したライスペーパー」。ホーチミン近郊の小さな村で作られている名物食材。普通のライスペーパーよりも弾力があってやわらかいため、たっぷりの具をしっかりと巻くことができます。米から作られるのは普通のものと同じですが、普通は生地が一層なのに対し、こちらは二層に重なっている。そして、普通は蒸した生地を天日干しにすればできあがるのに対し、こちらはさらに火で炙《あぶ》って乾燥させ、夜露や朝露がおりる時間帯にもう一度干して湿気を吸わせる。乾燥させたものに再び水分を含ませる手間暇が、独特のしっとり感を生み出すというわけです。ライスペーパーはベトナム全土で作られ、食べられていますが、露干しライスペーパーが食べられるのは南部の限られた地域でだけ。食べ慣れていた「ゆで豚のライスペーパー手巻き」とも、ちょっとしたパーツ交換が施されたことで、また新しい縁が芽生えたなぁとうれしくなりました。

　くるりと巻けば、やわらかなライスペーパー、ジューシーなゆで豚、シャキシャキしたらっきょうの食感が、瞬時に美しい重奏となる。タレに入ったレモンの酸味が、豚肉の脂っこさを爽快な風味に変える。ハーブの組み合わせを変えてみたり、葉野菜だけで巻く「ぬき」もいい。思いつきで果てしなく広がっていくライスペーパー宇宙には、料理人だけでは発見できなかった新しいきら星が生まれ落ちる。巻かずに食べるなんてありえない。物知り顔でほおばって、ナイトマーケットの胃袋に敬意を払います。

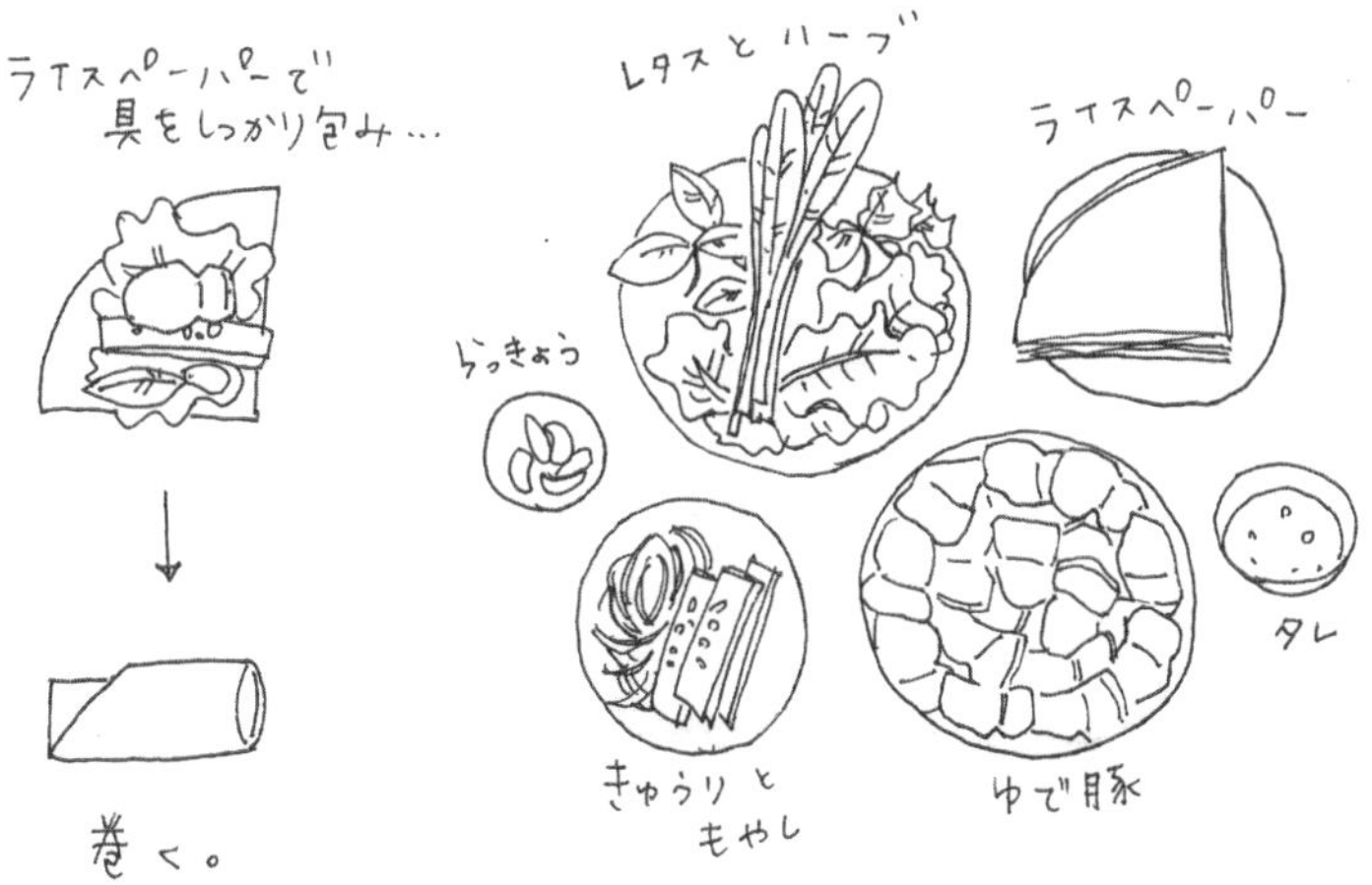
ライスペーパーで
具をしっかり包み…
巻く。
レタスとハーブ
ライスペーパー
らっきょう
タレ
きゅうりと
もやし
ゆで豚

やっぱり肉が好き

ベトナムの市場の精肉店には冷蔵庫がありません。蒸し暑い屋根の下、木やコンクリートの台の上、てかてか光った大きな肉塊が無造作に置かれている。思わず目を奪われる鮮やかな赤色は、切り分けたばかりの肉からにじみ出ている血の色です。毛や皮がきれいに処理され、部位別の切り身となって清潔なパックに入れられた肉を冷蔵ケースから手にとる日本人からすれば、まるでホラー映画みたいな光景かもしれません。市場の鶏屋ではさばくそばで肉を売っているのも日常、ベトナムに住んでから肉が食べられなくなった、という人もいました。まるで肉自体が発熱しているような、アジアの肉屋の正しい見せ方。ここから生み出されるおいしさを受け止めるには、目にも腹にもタフな精神が必要なんじゃないか、といつも思う。

現地を旅するあいだは、屋台メシだろうが高級レストラン料理だろうが、ホルモンでも生魚でも正体不明の葉っぱでもなんでも食べてみるけれど、あらゆるベトナム料理の中で私がもっとも衝撃を受けたのはヤギ肉料理でした。宗教的な食材制限が少ないベトナムでは、豚、牛、鶏とまんべんなくおいしく食べることができ、加えてアヒルやダチョウ、犬やカエルやネズミやワニまでも、さまざまな肉が食用として親しまれています。二十代半ばという料理人としてはまだ味覚の形成時期に、しかも異国でしか食べられない食材として、自分の人生に颯爽とあらわれたヤギ。ほかの場所でも食べられると思うのですが、私には今のところこの国でしか食べる機会がないので、ベトナム料理におけるヤギ肉のインパクトは実に大きかったのでした。

ヤギは精力やスタミナをつける肉として食べられています。料理にスパイスや薬膳食材を使うこともあって、ヤギ料理を食べに出かけた日は、血のめぐりがよくなり肩の凝りがほぐれる。調理法の主流は「焼き」と「鍋」、特に南部地方では、焼き肉→鍋というコースがお決まりです。焼き肉は、コリコリした食感のおっぱい肉とやわらかい赤身肉が定番で、店によっては骨付き肉もたのめます。しっかり下味がついた肉からはほのかに獣臭が立ちのぼり、でもそれはまろやかな肉本来の甘みのようにも感じられる。さらに肉だけではなく、酸っぱいスターフルーツや未熟な青いバナナ、ハーブや野菜と一緒にライスペーパーで巻き、腐乳から作られたタレにつけて食べます。そして、焼き肉を食べ終えたら鍋を注文。薬膳風のスープでじっくりと煮こまれたヤギ肉はやわらかく、臭みもほとんどなく予想以上にやさしい味わい。ほこほこしたタロイモ、ピリッと辛いからし菜やほろ苦い春菊などの野菜が、その滋味あふれるダシを吸って絶品となります。さらに濃厚な味を楽しみたければ、ホルモンや脳みそをオプションで入れることもできます。

今でこそ店構えもサービスもよくなって、ガイドブックに載るようなヤギ料理専門店が出てきましたが、私が初めて足を踏み入れた頃は、かろうじて屋根があるだけの脂と煙まみれの店しかありませんでした。日が落ちた頃に席へ着くと、だいたい皆がいっせいに焼き肉を始めるものだから、あたりはもうもうとすごい熱気に包まれる。店内にはもちろん冷房なんてなく、ただでさえ頼りない扇風機の風はすぐに生ぬるくなって外へ逃げ出してしまう。七輪に炭火があたりまえで、卓上コンロに鉄板となったのは、たぶんここ数年くらいのことと思う。それでも屋根の下の煙と活気は今でも同じ、ベトナムの肉料理の中で圧倒的な人気を誇っています。

ヤギ肉料理が伝統として愛され続ける一方、ここ数年、ホーチミンではおもしろい肉料理が流行しています。ずばり、神出鬼没のバーベキュー。中心地の数か所で展開する大型レストランです。

このレストラン、どの店舗もハコは大きいのですが、屋根は開閉可能なただのビニールテントで壁もなく、テーブルといすは切りっぱなしの木材を寄せ集めて組み立てたもの。なんだか工事現場みたいな内装と思ったら、なるほど、建設が中止や延期となったビルの土地を借り受け、その空地で即席営業をしているのだとか。一時的な営業なので、新しいビルが建つことが決まったり、再び建設が再開されるとなれば、またどこか別の空地へ流れていく。だから、まるで遊牧民のテントのようにすぐ撤収できる店作りとなっている。

メニューは焼き物と酒の肴が中心で、牛肉や骨付き豚肉、シーフード、オクラや空心菜などの野菜をじゅうじゅうと焼きながら、冷たい瓶ビールに舌鼓を打ちます。ヤギ肉は今やガスで鉄板焼きの時代なのに、こちらは昔ながらの七輪に網焼きと温故知新。飲食の場としては粗っぽく洗練されていませんが、どの店舗も若い男女グループたちで夜遅くまでにぎわっていて頼もしいかぎり。次はいつどこにオープンするかわからない、不思議な魅力をもつゲリラ的移動型青空レストラン。建設ラッシュまっただなかのホーチミンで、街のあちこちに生まれる空地をうまく利用した、なんとも現代スタイルの商売なのでした。

古くからの揺るぎない味と、時代の波に軽やかに乗る新しい味。共存するふたつの肉料理の姿は違えども、根底にはあのエネルギッシュな精肉店のソウルが粛々と宿っている。移ろう時代のなか、人々は変わらず肉を食して体を熱くさせ、明日も元気にこの街をゆきます。

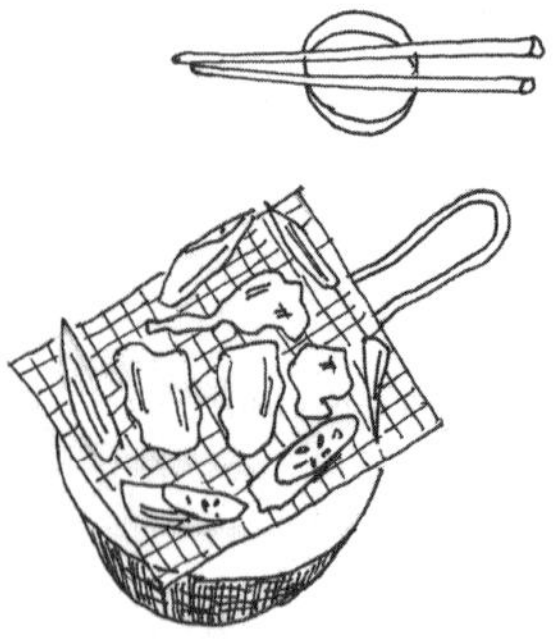

Dê Nướng《イエー・ヌーン》
ヤギは赤身肉と
おっぱい肉を焼く。
つけあわせは焼きオクラ。

ビア・ホイ備忘録

「ビア・ホイ」とは、ベトナム語で生ビールのこと。転じて生ビールを出す飲み屋、カジュアルなビアホールのことをいいます。安価な値段で生ビールが飲め、つまみも大衆的なものが多く、気軽に入れる店がほとんど。

冷蔵庫が普及していなかった昔は、冷えたビールを常備できなかったので、氷を入れて飲む習慣がついたベトナム。今はちゃんと冷えたビールを出す店もあるけれど、氷入りビールはなくなることなく健在で、ビア・ホイといえばいくらでも飲めそうな薄いビールが定番です。

一　ホーチミン、ボー・ヴァン・タン通り　二〇〇五年秋

シャワーのようなスコールが止んで、涼しい風が吹き始めた。日本から一緒に来ていたビア・ホイ通の呑兵衛たちに、ボー・ヴァン・タン通りのとある店へ連れて行ってもらう。戦争証跡博物館のあるこの通りは、中心地にありながらも生活感にあふれ、夜になればさまざまな露店が建ち並ぶ。

ビールはちゃんと冷えているのに、やっぱり氷を入れて飲んだ。充実したおつまみメニューから選抜されたのは、蓮の茎のサラダ、フライドポテト、あさりのレモングラス蒸し、一夜干しイカの炙り、鶏手羽先のからあげ。

二　ハノイの市場ビア・ホイ　二〇一一年春

四月のハノイはしっとり湿った夕風が心地よく、夕暮れ時には今日もビールが恋しくなる。

友人が住んでいるアパートの近所に、昼間は路上市場で夜はビア・ホイが軒を連ねると

いう、旅行者はわざわざ通らなくてもよさそうな、でもとても魅力的な路地があった。明るいうちは羽をむしられた鶏がぶら下がり、赤い肉のかたまりも束になったハーブも、白や黄色の豆腐も赤やオレンジ色の花も、地面ぎりぎりのところで等しく売り買いされている。市場の営業が終わると、ビア・ホイの窓からやわらかい灯りがこぼれ始める。あまりお酒に強くない友人なのに、その中の一軒が特に好きだと言う。「オヤジ臭がしないから」と選ぶ基準がおもしろい。揚げとうもろこしをつまみに、ゆっくりゆっくり時間をかけて友人は一杯を飲み、私はおかわりをもらって二杯。それにしても、ハノイのビア・ホイで出てくるグラスって、なんで水色のぽってりした再生ガラスがお決まりなんだろう。

氷入りビールは
慣れるとそれなりに
おいしいです。
ポリタンクに
入ったビアホイ。

三　料理自慢のビア・ホイ

市場ビア・ホイからはしごして二軒目。料理がおいしいと評判の「Hai Xom（ハイ・ソム）」へ行く。広場のような通りに面した外席が気持ちよく、この店では在住欧米人の姿をよく見かける。おつまみは塩漬け豚足、イカのチリレモングラス焼き、フライドポテトのガーリックバターがらめ、ゆで隼人《はやと》瓜《うり》のピーナッツごま塩。ここの塩豚足は絶品。野菜のピクルスがたっぷり添えられ、塩こしょうにレモンをしぼって練りわさびを混ぜたタレがついてくる。

「旧市街のあの店の、スルメ炒めはおいしいよ。メニューにはないんだけどたのめば作ってくれる」「じゃあ明日はそこがいい」と、もう次に行くビア・ホイの相談をしている日本人女子三名。

四　再びホーチミン、ブイ・ヴィエン通り　二〇一二年夏

ときどき一緒に旅をする友人が、数年ぶりにベトナムへやってきた。これだけは絶対に

はずせない、というヤギ鍋を食べに出かけた帰り、もうちょっと飲もうと宿近くのビア・ホイに入る。

安宿や土産物屋、大衆食堂や深夜までにぎわうバーの集まるブイ・ヴィエン通りは、さまざまな人種が行き交う旅人の世界。ここ数年、居酒屋激戦区での流行は「一万ドン（約五十円）ビール」らしい。経済的だけれど、なんだかビール色のソーダ水みたいでおいしくない。地ビールをたのみ直し、赤貝のねぎ炒めをつまみにちびちび飲みながら、目の前を流れる人やバイクを横並びで眺め、特になんていうこともなくベトナムの今昔について語り合った。旅をともにする人は、こうやって日常から抜け落ちたみたいな時間を共有できる人がいい。

現在この通りでは、取り締まり強化のため、テーブルといすを出しての路上営業が禁止になってしまった。でもめげることなく、店の前には代わりにビニールシートが敷かれ、西洋人、東洋人を問わずお客があぐらをかいてビールを飲んでいる。ベトナム人のしたたかさと発想の豊かさには、ときどき妙に感心させられる。

夜はカフェで更けていく

グランドホテルの脇道に、「Cafe Kem 24（カフェ・ケム・ハイ・ムイ・トゥー）」というオープンエアのカフェがあります。歩道に赤いひさしを張り出して、路上には折りたたみの小さなテーブルと、プラスチックいすがパラパラと置かれている。店内は昼間でも薄暗く、床はレトロなタイルです。メニューにはさまざまな味のアイスクリーム、コーヒーや紅茶、フレッシュなフルーツジュースなどがならび、よく見ると、時を経て値段が少しずつ書きかえられてきた痕跡が見つかる、そんなお店。アイスクリームやコーヒーの値段が上がっていっても、食後に必ず冷たいお茶を持ってきてくれるのは変わらないサービス。ここは、まるで時間がぽっかり止まったような場所です。すぐ角を曲がった繁華街、ドン・

コイ通りの建設ラッシュに飲みこまれることなく、目の前がキラキラとまばゆい近代的な景色に変わっていっても、まわりの喧噪にひっそり埋もれるようにして、昔からずっと営業している地元のカフェなのでした。

今は見かけなくなってしまったのですが、数年前まで、このカフェにはとても面倒見のいいおじさんがいました。店主ではなく、店員というわけでもなさそうなおじさんは、常連だったのでしょうか。一緒に腰かけて煙草を吸っていたかと思うと、バイクのシートにのっかってぼんやり通りを眺めていることもあるし、ときどきよっこらしょと立ちあがって、舗道に停まるバイクを整理したりしていました。私が店の前を通りかかると、ニッと笑いながら、「アイスミルクコーヒーだろ?」とすかさず手招きをする。路上席がいいと言えば、軒先が埋まっていてもスペースを作ってくれて、プラスチックいすを出してくれる。「今日はココナッツアイスを食べるよ」と言うと、おじさんは満面の笑みでうなずいて、よっこらしょとまた座り直す。ココナッツアイスは、ここの名物メニューだからです。

ココナッツアイスといえば、ホーチミンでは何十年も前から親しまれてきたカフェのおやつです。ココナッツ味のアイスクリームではなく、ジュースをとり出したあとのヤングココナッツの実の中にアイスクリームを入れたもの。たっぷりと三スクープ分ほど盛られ

カフェ・スア・ダー
Cafe Sữa Đá
アイスミルクコーヒー
コンデンスミルクたっぷり。
こっちでドリップし…
氷入りグラスに移しされる。

ケム・チャイ・ユア
Kem Trái Dừa
ココナッツの実の中にたっぷりのアイスクリーム。
フルーツと生クリームもたっぷり。

た上に、フルーツや生クリームがトッピングされています。しゃくしゃくと軽い味わいで、食べ終わると、ココナッツの内側の果肉をスプーンで削って食べるというお楽しみがついてくる。アイスクリームは、コーンやグラスに盛られた欧米スタイルのものもありますが、料理と同じように、ベトナム人好みにうまくアレンジされたものが人気のようです。ホーチミンには、ココナッツアイスで有名な大型専門店もありますが、私はこの古ぼけた小さなカフェの冷房もきいていない路上席で、のんびりほおばるのが大好きです。

娯楽の少ないベトナムにおいて、カフェでお茶をする時間は大切な楽しみのひとつです。朝、出かける前にはコーヒーを飲んで世間話、日差しが強い午後や、シャワーのようなスコールが降る夕方にはちょうどよい避難所に。そして格別なのは、風が出てきた涼しい夜に、何を考えるでもなくだらだらと過ごす時間。「ベトナムにいるとしょっちゅうお茶をしたくなるから、一日にやるべきことが全然進まないよ」と在住する友人が話していましたが、旅人の私ですら、まったくそのとおりだと共感してしまう。ひとりのときはボーッと過ごし、誰かといればおしゃべりしながら、コーヒーがポタポタと落ちるのをのんびりと待つ。日本で暮らしていると、時間を要領よく使うことばかり考えてしまうけれど、ベトナムでは働くことも遊ぶことも休むことも、すべて平等な時間なのかもしれません。

ある夜、友人といつものように食事をすませ、このカフェでコーヒーを飲んでいたときのこと。どこからか漂ってくる香ばしい匂いに顔を上げると、スルメ売りの自転車屋台が停まっていました。縁日でお面を売る露店のように、三角形の小さなスルメをずらりとぶら下げ、裸電球の灯りの下、カフェのお客からの注文をのんびり待っている。路上飲み屋ではよく見かけるスルメ売りですが、このロケーションではあきらかに場違いです。私がじっと眺めていると、「ベトナム人って、なぜかコーヒー飲みながらスルメを食べるんだよね。絶対に合わないと思うんだけど」と友人が教えてくれた。さっそくそばにいた男の人が立ちあがって買いに行ったので、私たちも真似してたのんでみました。たのんだスルメは炭火でサッと炙り、ローラーをぐるぐるまわして長くのし、発泡スチロールの箱にチリソースを添えて入れてくれます。炙りたてのスルメはあたたかく、慣れ親しんだ懐かしい味。男の人は、隣に座る女の人とスルメを裂きながら、なにやらうれしそうに語り合っていました。テーブルにはビールでなく、氷が溶けて薄まったアイスコーヒーとお茶。ときどき携帯電話をいじりながら、コーヒーを飲んでスルメを食べているふたりは、でもなんだかすごく楽しそう。ベトナムの路上カフェでは、スルメさえも、やすらぎの時間を演出する立派な小道具のようです。

「うーん、やっぱりコーヒーには合わないなぁ。でもチリソースで食べるスルメ、おいしいね」と友人が言う。お酒をまったく飲まないこの友人と、もう十年以上こうやってベトナムで一緒に夜を寛《くつろ》いでいられるのは、こんな独特の夜カフェ文化あってこそと思っています。

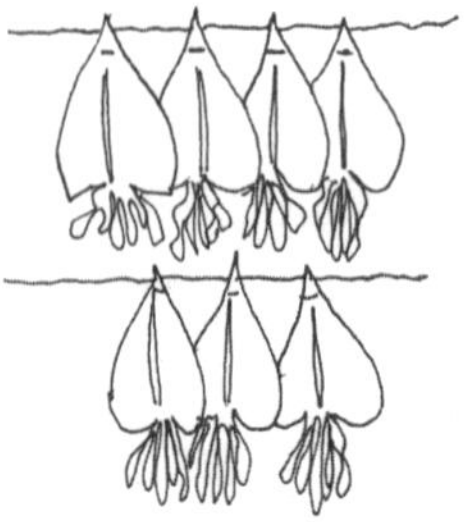

屋台のスルメは
きれいにぶら下がっている。

肉や魚だけの主菜も、ハーブや生野菜と組み合わせればバランスよい1品に。

ゆで豚のライスペーパー巻き。「ライスペーパー手巻き」にはハーブの盛り合わせが欠かせない。

ハーブでおいしく

ローカルのレストランや食堂に入れば、大皿にどーんとハーブ集合の図。麺にも春巻きにも、鍋にも焼き肉にも、ベトナム料理とハーブは切っても切れないおいしい関係です。「この葉っぱはなに？　食べられるの？」「これは一体どの料理に入れるんだろう？」。ふだんの食卓にハーブをとり入れることの少ない日本人にとって、小さな緑色のさまざまな葉っぱは、ちょっと不可思議な存在かもしれません。でも、一枚一枚を手にとって眺め、じっくり香りをかいでみると、青じそやミントなど私たちに親しみのある葉っぱもちらほら見つかりま

COLUMN

揚げ焼きした魚にたっぷりのディルを加えて食べる、ハノイ名物のチャー・カー。

麺料理の付け合わせにもハーブは定番。爽快なハーブが肉の脂をさっぱりさせてくれる、ブン・チャー。

す。

なんにでもハーブがたっぷり、というベトナム料理のイメージは日本へきて定着したものかと思いますが、「たっぷり」の部分は正解としても、その使い方や食べ方には、実はベトナムならではの方程式があります。香りの強い料理にはやはり香りの強いハーブをもってきたり、逆にさっぱりしたハーブを添えて箸休め的に味わったり。北部では好まれるのに南部では嫌いな人が多い、なんてハーブもあります。個々のハーブについてだけでなく、食卓への全体的なとり入れ方も地方などによって異なります。たとえば、フォーの食べ方ひとつ見ても、北部と南部では大きな違いがあります。山盛りのハーブがテーブルに置かれ、

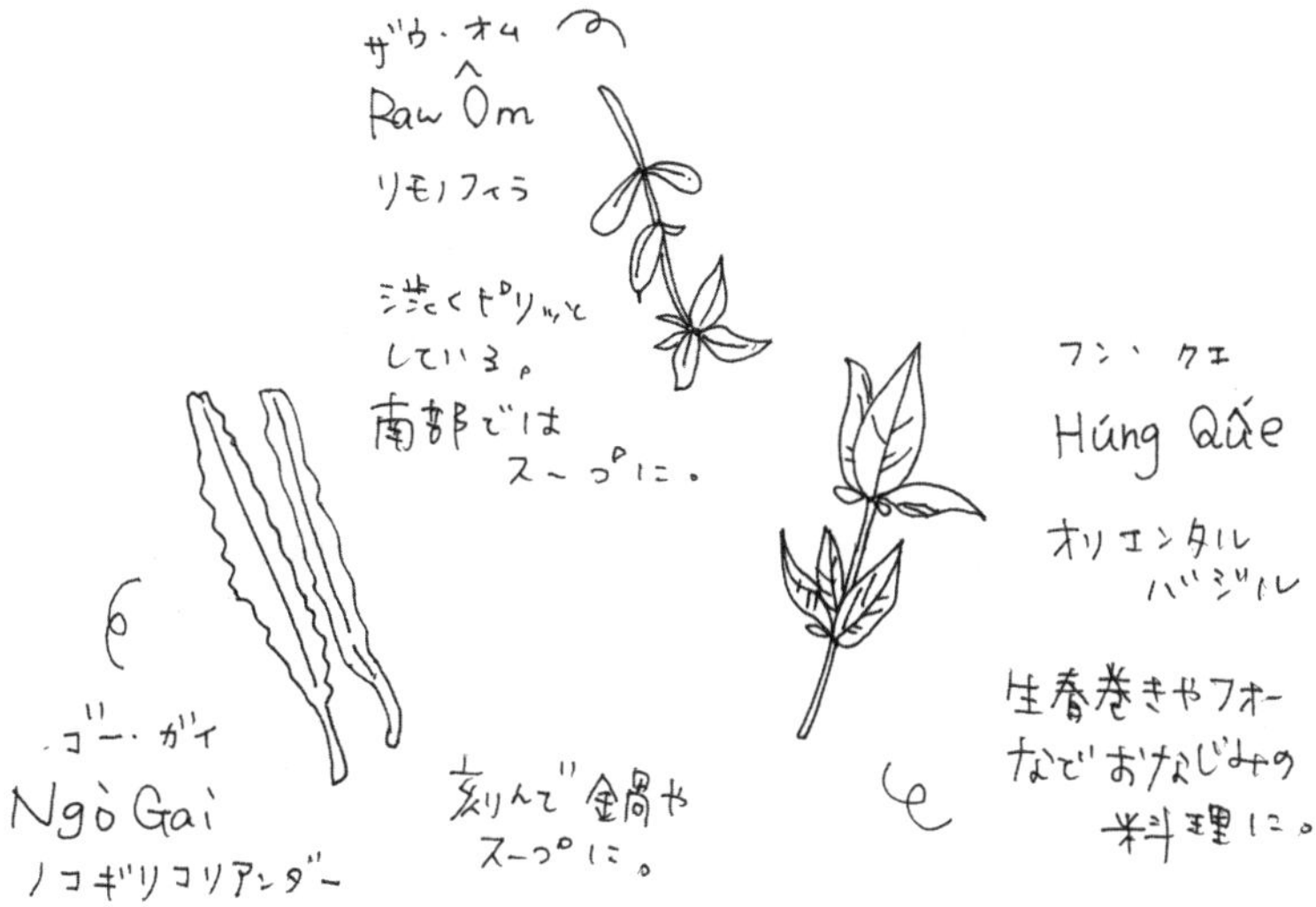
ザウ・オム
Raw Ôm
リモノフィラ
渋くピリッとしている。
南部ではスープに。
フン・クエ
Húng Quê
オリエンタルバジル
生春巻きやフォーなどでおなじみの料理に。
ゴー・ガイ
Ngò Gai
ノコギリコリアンダー
刻んで鍋やスープに。

自分好みの味にアレンジするのは南部スタイル。北部では、せっかくのスープの風味を損なうんじゃないかと、香りのものはねぎくらいしか入っていません。

ベトナムでいちばん目にするハーブは「フン・クエ」。オリエンタルバジルと呼ばれるバジルの一種で、日本で口にするバジルよりもワイルドな香り、生春巻きや麺類には欠かせません。麺類には、「ザウ・オム」や「ゴー・ガイ」も欠かせません。丸っこく小さな葉っぱの「ザウ・オム」は、ピリッとした風味で料理にメリハリを出してくれる水草で、南部でおなじみのハーブ。「ゴー・ガイ」は別名ノコギリコリアンダー、縁がギザギザの細長い葉は食感がしっかりしているため、熱いスープや鍋料

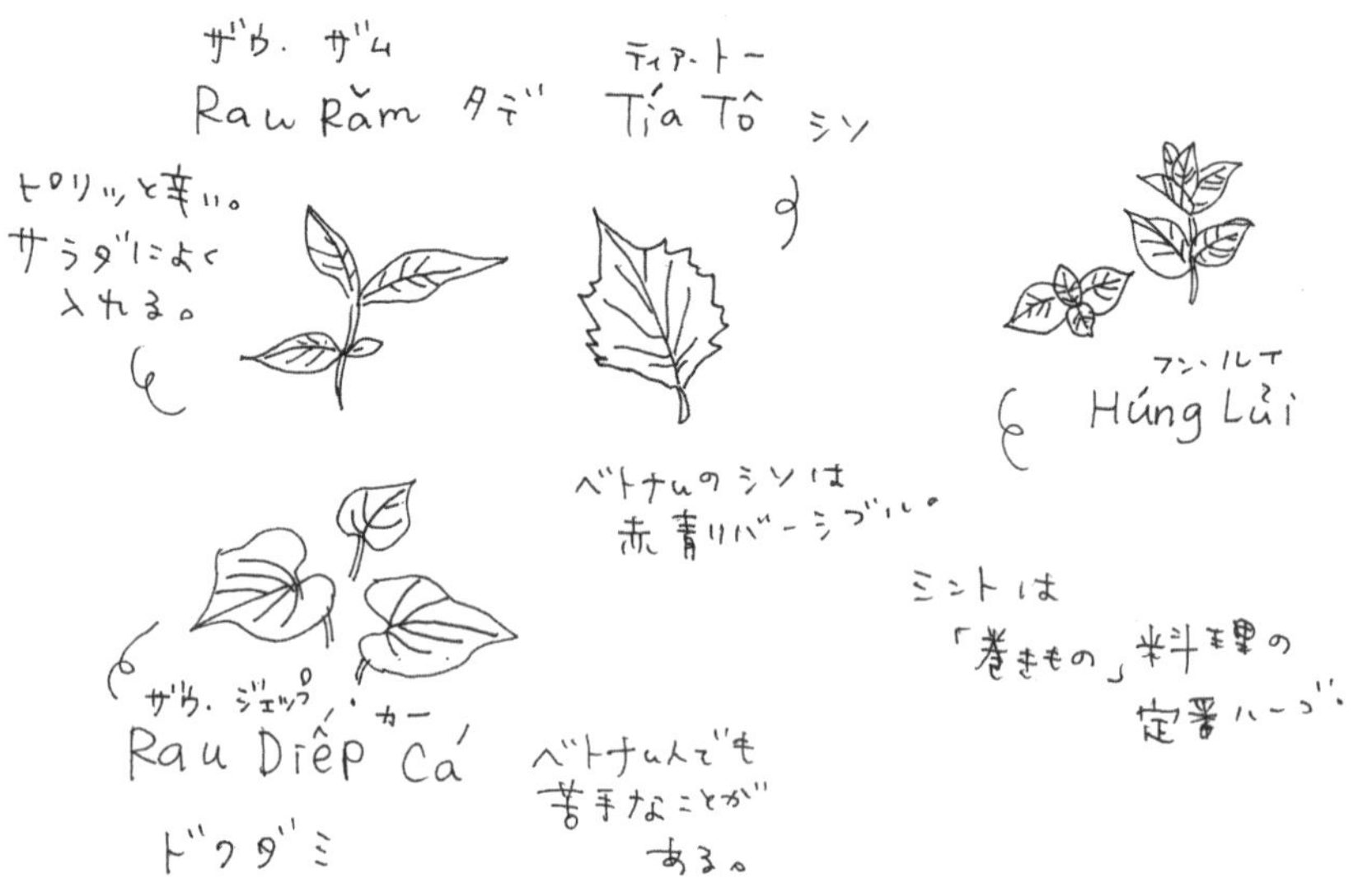
ザウ・ザム
Rau Răm タデ
ピリッと辛い。サラダによく入れる。
ティアートー
Tía Tô シソ
ベトナムのシソは赤青リバーシブル。
フンルイ
Húng Lủi
ミントは「巻きもの」料理の定番ハーブ。
ザウ・ジェップ・カー
Rau Diếp Cá
ドクダミ
ベトナム人でも苦手なことがある。

理によく入れます。清涼感を加えたいときは「フン・ルイ」というスペアミントに近いハーブ。日本でおなじみの青じそは「ティア・トー」、赤と青がまざったような色をしていて、体を温める効果があります。「ザウ・ジェップ・カー」はドクダミ、「ザウ・ザム」はタデ、どちらも個性を主張するハーブなので、脂っこい肉や貝料理、ホヴィロン（孵化《ふか》前のアヒルの卵）など存在感のある食材に合わせることが多い。そして、アジアの代表ハーブであるコリアンダー「ザウ・ムイ」は、ベトナムでは意外と見かけません。

　ベトナム人から料理を教わっていると、ベトナムのハーブには相性のよい素材との組み合わせがあるんだということを学びま

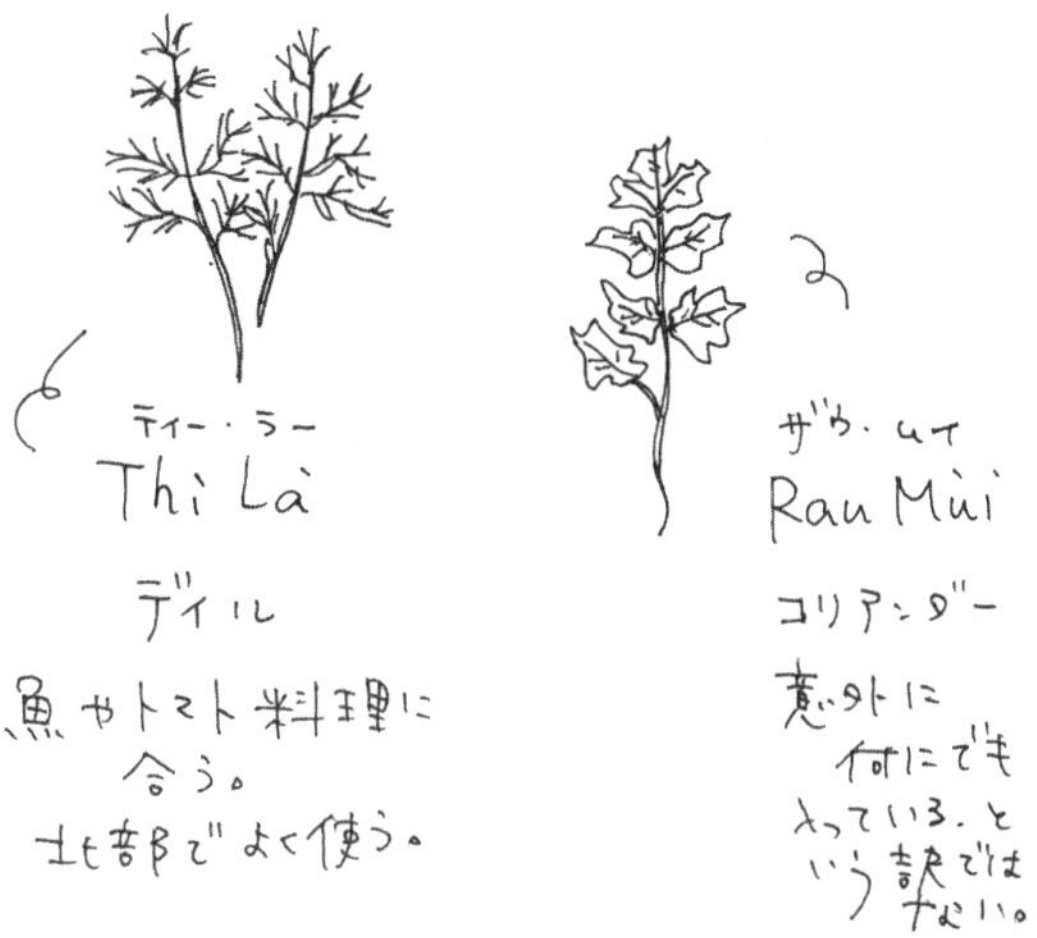
ティー・ラー
Thì Là
ディル
魚やトマト料理に合う。
北部でよく使う。
ザウ・ムイ
Rau Mùi
コリアンダー
意外に何にでも入っている、という訳ではない。

す。「鶏肉にはレモンリーフ」「生春巻きには複数のハーブがまざった香りが欠かせない」「このスープを豚肉で作るのなら、ねぎじゃなくてノコギリコリアンダーを刻んで入れるべし」などなど。ベトナムのハーブは量が多ければいいというわけではなく、組み合わせや加え方もおいしさのコツなのです。

ベトナムのキッチン雑貨

ベトナムの家庭では半屋外のキッチンが多く、料理の下ごしらえをするときは床にしゃがんだり、低いプラスチックいすに座ったりするのが一般的。毎日、おかあさんたちが集まってカラカラと笑い、にぎやかに野菜を切ったり、鍋で煮炊きをしています。まな板や包丁など基本的な道具から、日本では目にしないユニークで便利な道具まで。ベトナムのキッチン雑貨は見ても使っても楽しく、味わい深いものばかりです。

二枚刃包丁

二枚の刃が数ミリずらしてあるピーラーのような包丁で、野菜の皮むきや薄切りをするときに使うほか、縦に切り目を入れた野菜を削ぐと千切りにもできるすぐれもの。

空心菜カッター

市場やスーパーでもよく見かける、空心菜好きのベトナム人ならではの道具。放射線状のカッターにかたい空心菜の茎を通すと、ところてん状にきれいな千切りができあがります。

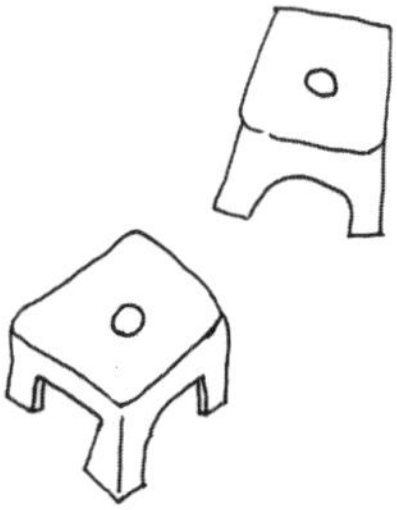

プラスチックいす

お風呂いすのように低くて小さなプラスチックいすも、いろいろな色や模様、高さがあります。一見、座りづらそうですが、いざ座ってみるとまったりと落ち着いてしまう不思議な魅力が。

臼

ベトナムではピーナッツやスパイス、にんにくなどを臼でつぶして使います。木製や大理石製のものがあり、日本のすり鉢のように内側の櫛目がないため、専用の棒でたたいて使います。

まな板

自然の木をそのまま輪切りにして作っています。水はけがよく、匂いも残りにくいので使いやすさ抜群。水でもどしたライスペーパーを置くのにぴったりなサイズ。

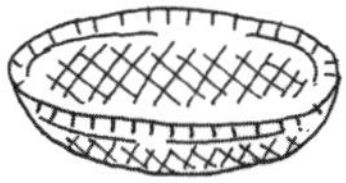

竹ざる

食材の水気をきるほか、食卓では器代わりとしても使える竹ざる。竹細工は庶民の生活に根づいたベトナム民芸で、市場には形やサイズもバラエティ豊富に並んでいます。

波刃包丁

刃が波状の包丁で、なますやフライドポテトなど野菜の飾り切りや、寒天やフルーツなどをカットするときに活躍します。見た目をきれいにするほか、味もしみやすくなって一石二鳥。

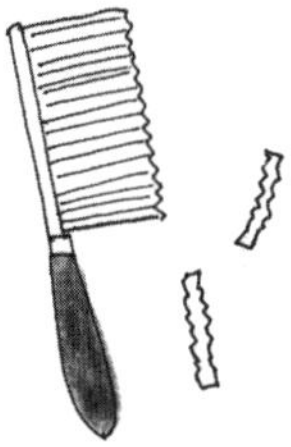

急須用保温かご

お茶を急須ごと保温するふた付きのかご。茶葉をゆっくり開かせるために、またお茶を冷まさないように使います。ハノイの路上の簡易茶店では、このかごが看板代わりです。

ベトナムのカフェ事情

ベトナムでは、どんな田舎の街へ行ってもカフェがあります。フランス領時代、コーヒー豆のプランテーション栽培が始まるとともに、本国フランスのカフェ文化も流れこんできました。それ以降、暇な時間を見つけてはコーヒーを飲む習慣が、ベトナムの人々の生活にはしっかりと根づいているのです。

南部のホーチミンには、路上にプラスチックいすを並べただけのストリートカフェ、ベトナム歌謡やポップスを大音量で流すローカルカフェや、お洒落で洗練された現代風カフェなどがいたるところにあります。かわって北部のハノイでは、伝統スタイルの古き良きカフェも健在で、

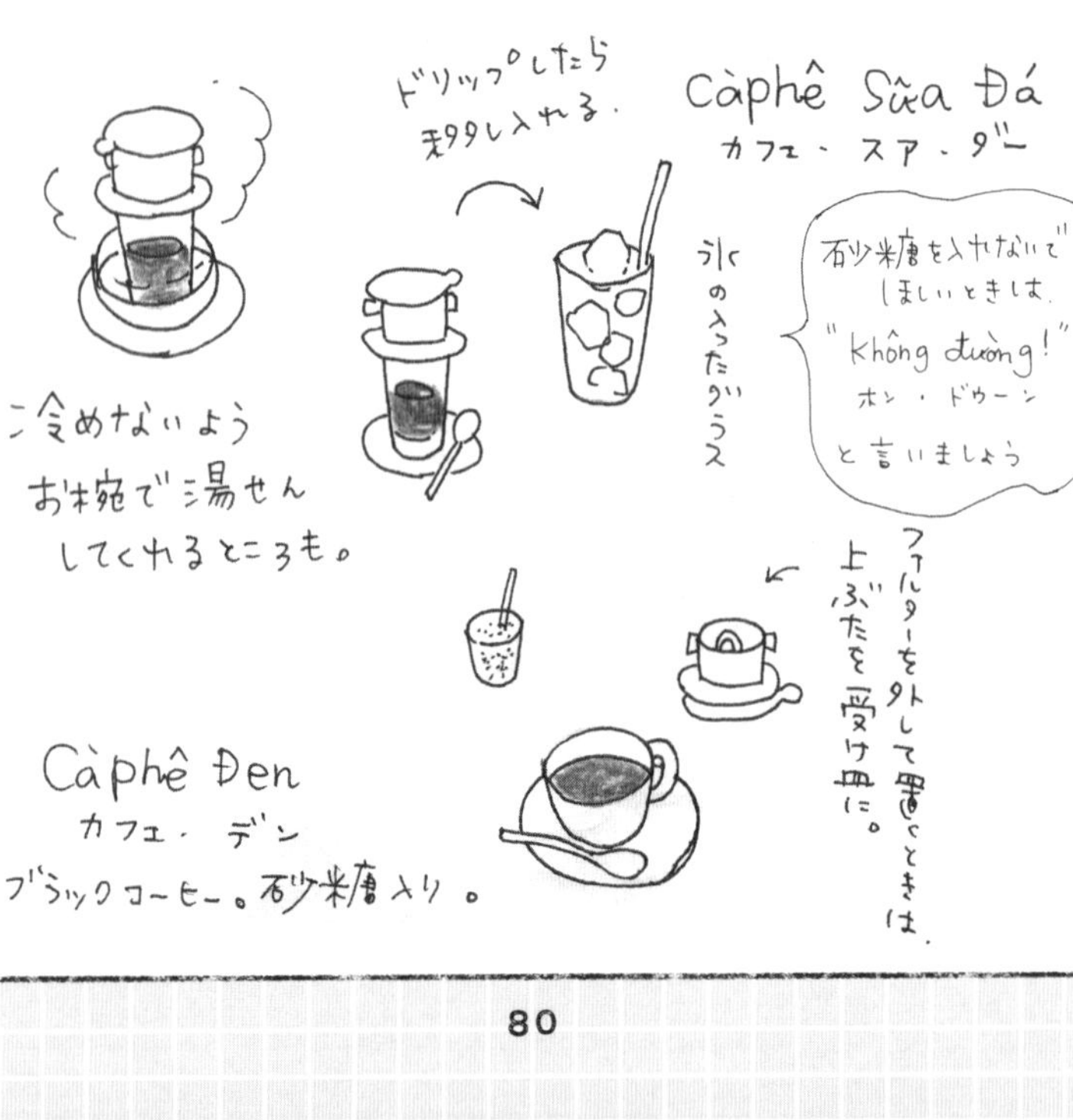

Càphê Sữa Đá
カフェ・スア・ダー
ドリップしたら
氷を入れる。
氷の入ったグラス
砂糖を入れないでほしいときは
"không đường!"
ホン・ドゥーン
と言いましょう
冷めないよう
お椀で湯せん
してくれるところも。
フィルターを外して置くときは
上ぶたを受け皿に。
Càphê Đen
カフェ・デン
ブラックコーヒー。砂糖入り。

昔ながらのレトロな雰囲気を楽しむことができます。また、近年では国内やアメリカの大型コーヒーチェーン店も増え、ベトナム式でないコーヒーも手軽に飲めるようになってきました。

ベトナムのコーヒー豆は深煎りのフレンチロースト、酸味は軽くおだやかで、濃厚でコクがあるのが特徴です。そして、アルミ製フィルターで一杯ずつドリップするという独特のスタイル。このフィルターも、当時フランスで使われていたものに似せて作られたといわれています。

カフェ・オレならぬベトナム版ミルクコーヒーは、カップの底にコンデンスミルクがたっぷり入った甘い飲みもの。冷蔵庫がまだ普及していなかった時代、フ

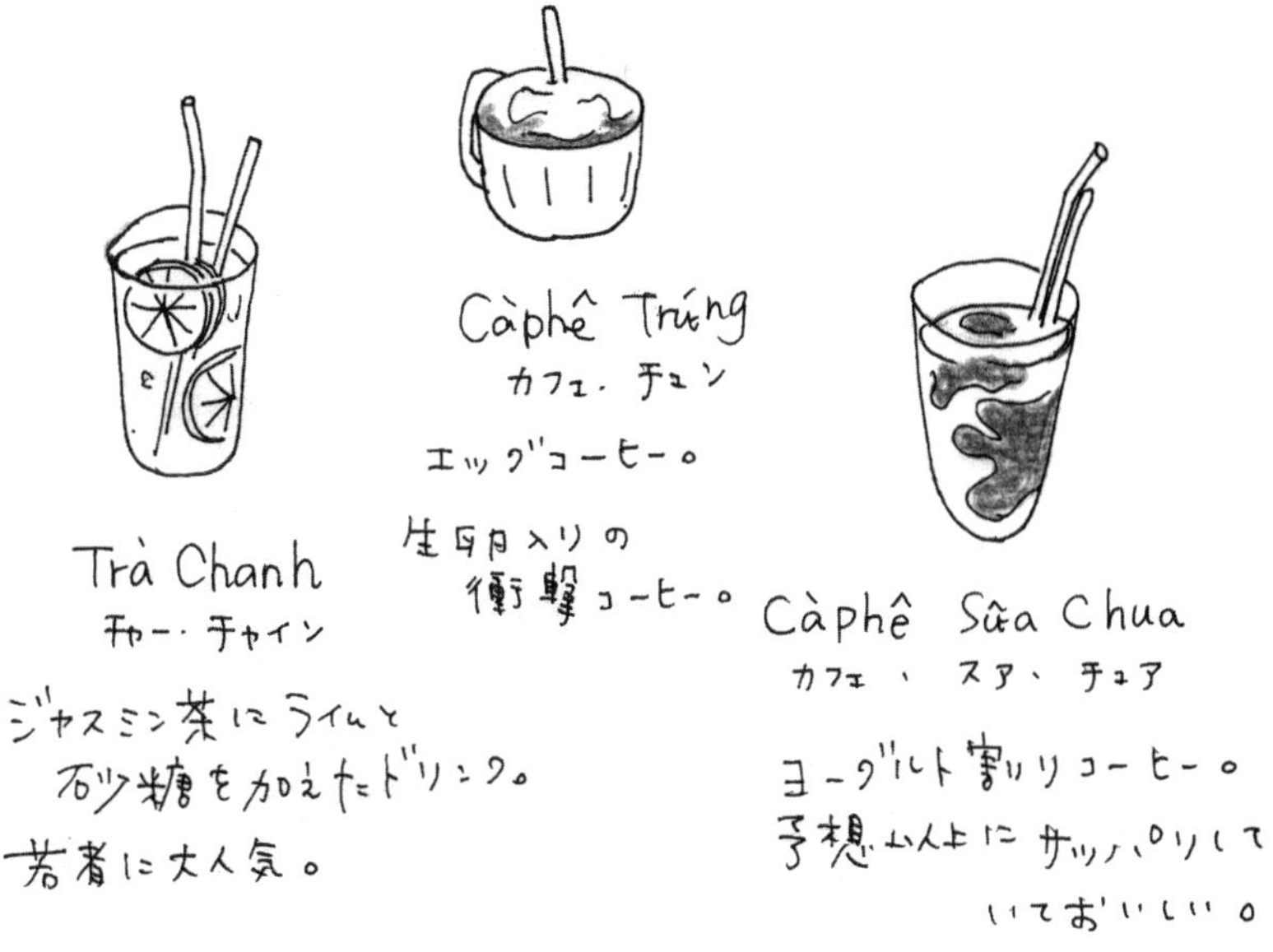

Càphê Trứng
カフェ・チュン
エッグコーヒー。
生卵入りの
衝撃コーヒー。
Trà Chanh
チャー・チャイン
ジャスミン茶にライムと
砂糖を加えたドリンク。
若者に大人気。
Càphê Sữa Chua
カフェ・スア・チュア
ヨーグルト割りコーヒー。
予想以上にサッパリして
いておいしい。

レッシュな牛乳を使うことができず、代わりに常温保存できるコンデンスミルクを使ったのがルーツです。ミルクコーヒーでなければ甘くないのか、というと油断ならず、ブラックコーヒーにもたっぷりと砂糖を入れて甘くするのがベトナム人好み。甘くないコーヒーを飲みたいときは、「砂糖なしで」とひとこと添えるのをお忘れなく。

　アルミ製フィルターからポタポタと落ちるコーヒーを眺めたり、人々の話し声に耳を傾けたりしながら、ぼんやりと本を読んだり誰かとのんびりおしゃべりしたり。そんなカフェでの時間の使い方こそ、ベトナム旅行ならではの贅沢かもしれません。

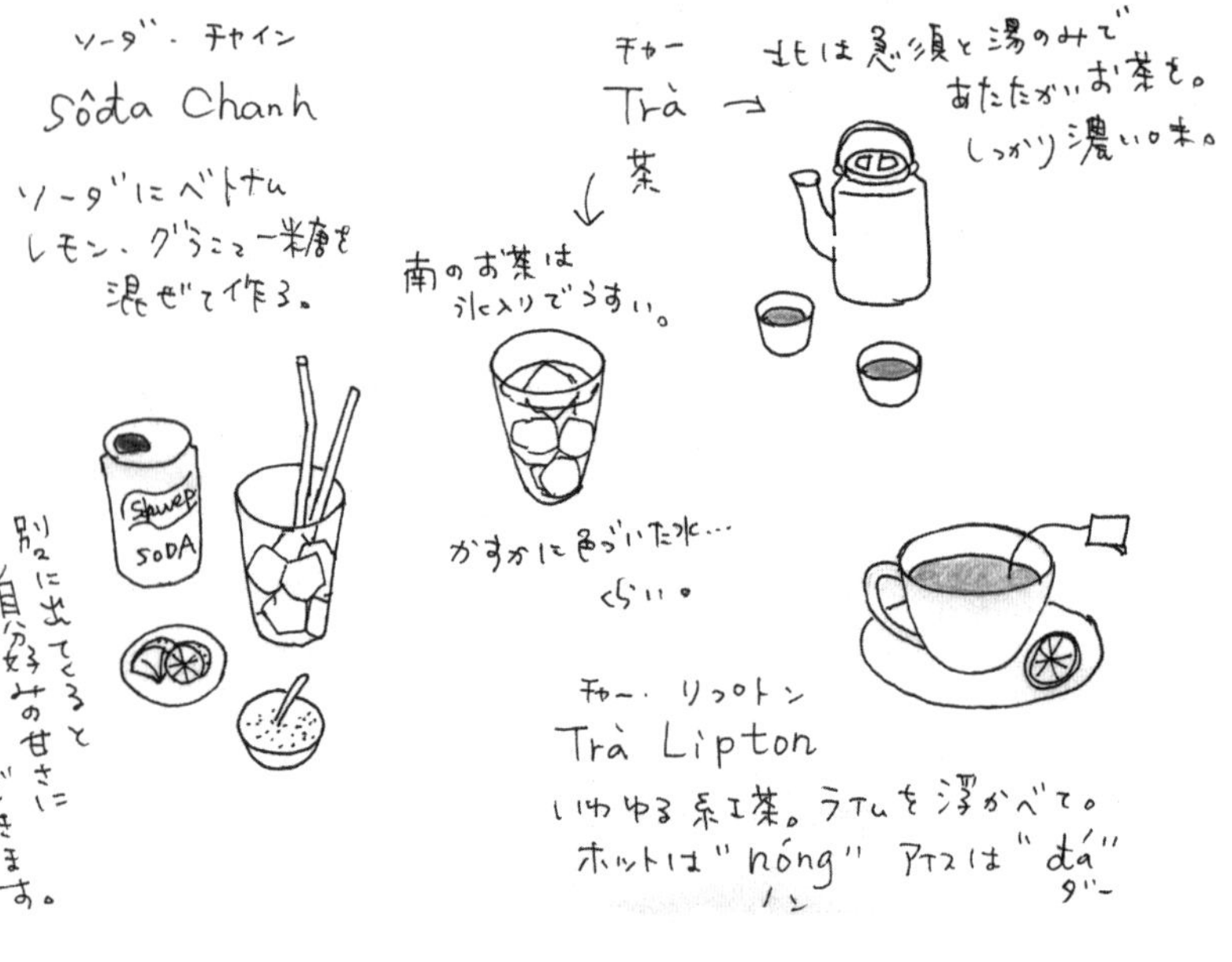
ソーダ・チャイン
Sôda Chanh
ソーダにベトナムレモン、グラニュー糖を混ぜて作る。
SODA
別々にでてくると自分好みの甘さにできます。
チャー
Trà
茶
北は急須と湯のみであたたかいお茶を。しっかり濃い味。
南のお茶は氷入りでうすい。
かすかに色づいた水…くらい。
チャー・リプトン
Trà Lipton
いわゆる紅茶。レモンを浮かべて。
ホットは"nóng"ノン アイスは"đá"ダー

2

ハノイ

旅の記憶

旅に出ると、私は小さなノートに日記をつけます。その日の天気、行った場所や出会った人、食べた料理のスケッチや買ったものの値段、それから日々感じたささやかなことをありのままに。書いているうちに、「そうか、このとき私はこういうことを感じていたんだな」とその場では気づかなかった感情が新たに追加され、何年もあとにまた開いてみても、色や光や音、味や手触りや自分の気持ちまでも、不思議なことにそのときと同じように蘇らせることができるのです。私はこれを旅の記録ではなく、旅の記憶とよんでいる。

十五年ほど前、初めてベトナムを旅したときの日記は、今でも手元に残っています。二〇〇〇年の十一月、航空券とビザとホテルだけを確保して、大阪からバンコク経由でハノイの空港に着きました。迎えにきてもらった車に乗ってホテルへ向かうあいだ、初めて目にする異国の風景を、私はじっとむさぼるように眺めていました。まっすぐにのびる高速道路のまわりは、どこまでも広がるくすんだ緑色の田園風景。のんびり草を食《は》む牛の姿や、小さな路上屋台がときどき視界に入っては消えてゆく。小雨が降りしきる窓の外はどこか鬱々《うつうつ》としていて、思い描いていた南国特有の明るく奔放《ほんぽう》な感じとは違い、見えるのは心を閉じたようなグレーの空ばかり。本当に、私はベトナムへやってきたんだろうか。何の予定も立てずに来てしまったけれど、大丈夫なんだろうか。空港からホテルまで一時間ほどの移動は、これからの旅路を思って途方にくれるには十分の、たっぷりと長く重たい時間でした。憧れのひとり旅に対する高揚感よりも、つねに身のまわりを気にしなければいけない緊張感と、意思疎通のたびに英語を使わなければならない疲労感に早くも押しつぶされそうになりました。これが、記念すべきベトナム初日の日記に書かれていたこと。五感をくたくたになるまで使い果たす運命的な旅は、こうしてずいぶんと後ろ向きに始まりました。

滞在三日目あたりまできたところで、初めてベトナム料理に関するメモが出てきます。

「揚げ春巻き、具だくさんの卵焼き、豚の煮付け、青菜と魚つみれのスープ。これらを全部、ぶっかけごはんにして食べる。好きな食べ方だと発見。ごはんを食べるときの視線が、ずいぶんと低い」

ホテルで親しくなったスタッフに連れて行ってもらったのは、お風呂いすに腰かけて食べる埃っぽい路上食堂だったけれど、初体験のおいしさは感動的だった。この食事を機にノートの上はだんだんと楽しそうになっていき、旅行最終日の日記は、こんなふうに締めくくられていました。

「十日間のうち、青空を見たのは三日くらいだった。無事に日本へ帰れますように。そして、なるべく早くベトナムへもどってこられますように」

肌寒く湿った晩秋の風、バイクの後ろで慣れていったうるさいクラクションの音、着いた日から帰る日までずっと感じていた米と乾物がまざったような独特の匂い。たった数行の文章を読むだけで、私の脳みそは一瞬で二〇〇〇年のハノイへ飛ぶことができる。ベトナム料理を仕事にするなんて夢にも思わず、日記のあちこちにささやかな発見を書き残しては次なる旅を夢見ていた頃の、とても大切な記憶です。

旧市街の地図

朝早くから教会の鐘の音が響いています。宿のカーテンを引くと、今日もハノイの空はどんよりとぶ厚い雲に覆われていました。

ホーチミンではいくつか定宿があるのですが、ハノイには初めて訪れたときからずっと、決まった宿をもたずに滞在しています。寝起きするのはもっぱら旧市街。雰囲気のよさ、治安のよさ、利便性や料金やサービスなど、宿の指標は人それぞれ。旅の財布も平たい私はあまり贅沢ができないけれど、歩ける距離で食べたいものが見つかって、夕暮れにはぶらぶらと出かけてビールが飲めて、角を曲がれば好きな道を見つけられるような下町が贔屓。端から端まで一キロ程度、戦火を逃れた昔ながらの街並みは、そんな旅人をすっぽりと迎え入れてくれます。

ホアンキエム湖の北側に広がる旧市街は、千年にもわたる深い歴史のある場所です。その昔、王族への献上品を作る職人たちが各地から集められ、できあがった城下町が旧市街のルーツ。同業者ごとにかたまってひとつの通りに住んでいたため、各通りには扱われる品に由来した名前がつけられました。すげ笠、扇、煙管《キセル》、綿、皮革、ゴザ、ブリキ、砂糖、漢方薬、鶏、さつまいも、ねぎ……、これらはすべて旧市街にある通りの名前です。変化する歴史とともに、現在では昔の業種から大きく変わってしまった通りの名もありますが、同業の人々が集まって暮らしている風景は今も同じ。地図で見る旧市街はずいぶん複雑に入り組みあい、無数の商店が縦横無尽に繋がっていて、一度歩いたくらいでは到底同じ場所へたどり着くことができません。でも歩いたぶんだけ、そして腰かけたぶんだけ、ここでは自分の地図ができあがります。たとえばフォー屋一軒とっても、私の地図にあらわれる店とあらわれない店、消された店や新しく書き替えられる店があって、ガイドブックで眺めるのとはまた違う一枚の図面が、時を経てゆっくりと描き出されてきました。

私が最近泊まった宿は、ハノイ大教会のそばにある、こぢんまりしながらもサービスの距離感が心地よいミニホテルです。窓を開ければ、通りを隔てた向こうに教会のカビだらけの石壁を仰ぐ部屋。チェックインをすませ、お茶でも飲もうと給湯器の置かれた棚を開けると、インスタントコーヒーやリプトンのティーバッグと並んでさりげなく耳栓が置かれていた。飛行機でもないのにこの国では珍しいアメニティだと思い、荷解《にほど》きしながらお湯が沸くのを待っていると、ゴーン、ゴーン、ゴーン……と大きな音がふいに部屋中を満たすように降ってきました。なるほど、それで耳栓というわけか。一日滞在すると、教会の鐘は朝五時頃から夜はわりに遅くまで、十五分おきに鳴らされるということがわかった。どっしりと清らかな鐘の音色のおかげで、旧市街の喧噪が教会のまわりだけはぷっつりと途切れ、落ち着いた時間がゆっくり流れているように感じられます。違う人が聞けば騒音になるかもしれない大音量、幸い旅先の体だけはタフにできあがっている私、耳栓のお世話にはならず、鐘の刻む時間と過ごすことにしてみました。

さて、旅のリズムが決まった翌朝は、いつもどおり現地の人にまざって朝ごはんを食べます。旧市街はハノイのローカルグルメに事欠きませんが、選択肢の幅が多すぎるのがたまにきず。ひとまず教会まわりに自分の地図を広げ、真っ先に思い浮かんだのは、宿と同じ通りに構えるフォー屋の「Pho Bo Au Trieu（フォー・ボー・オー・チウ）」。有名な牛フォー専門店で、朝食時には店の前の路上にまでプラスチックいすがずらりと並ぶほどの大盛況。しっかりコクのあるスープに、シャキシャキのたまねぎと香菜がアクセント。香ばしい揚げパンをちぎりながら、フォーのスープにひたして食べるのがおいしいオプションです。

教会の前のニャー・トー通りをホアンキエム湖のほうへ歩いて行けば、その先のバオ・カイン通りには「Banh Cuon Nong（バイン・クオン・ノン）」という白抜きの文字、その名のとおり蒸し春巻きを出す小さなお店があります。肉そぼろを巻いた熱々のライスクレープをほおばる時間は、ハノイならではの朝の至福。そしてすぐ次の角を折れれば、カフェやバーが軒を連ねるハン・ハイン通りがゆるやかなカーブを描き出す。この通り沿いにある「Cafe 29（カフェ・ハイ・ムイ・チン）」の店頭では、朝から晩まで寸胴鍋に鶏スープが湯気を立てています。カフェといっても、看板メニューは鶏おこわ。ねばりの少ないもち米から作られるベトナムのおこわは軽い食感

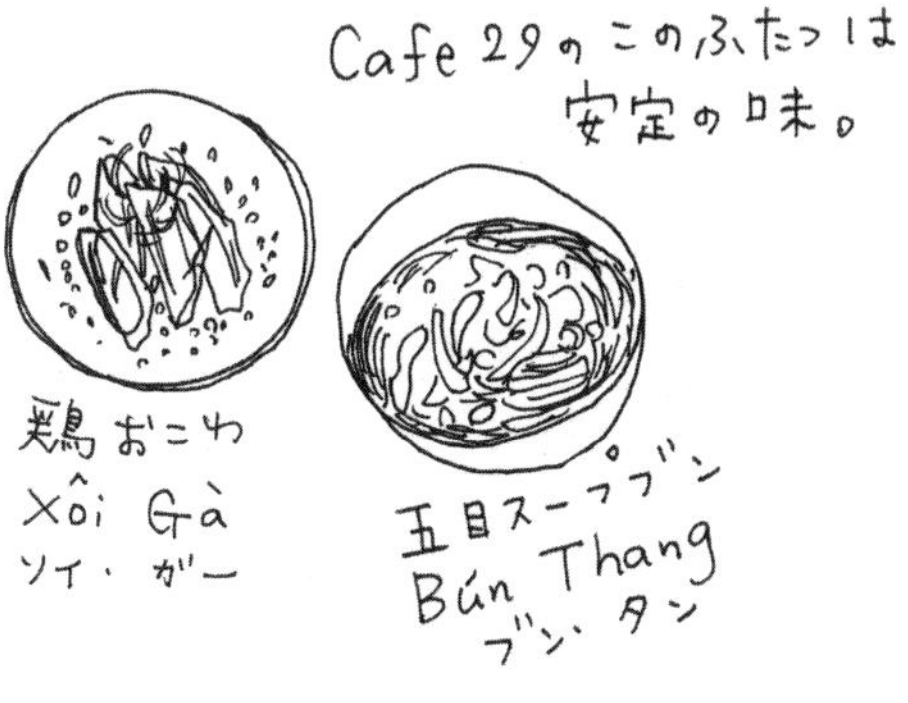
Cafe 29のこのふたつは
安定の味。
鶏おこわ
Xôi Gà
ソイ・ガー
五目スープブン
Bún Thang
ブン・タン

で、やわらかい鶏肉と爽やかな香りのレモンリーフがクセになり、あっというまにペロリと食べられてしまう。もう一品、「ブン・タン」という鶏スープ麺も名物で、こちらは起き抜けの胃袋により負担をかけないやさしい朝ごはんです。

ぼんやりしたい日は、まずはバイン・ミー（サンドウィッチ）を調達しに足はリー・クォック・スー通りへ向きます。通りのちょうど真ん中あたりにある「Nguyen Sinh（グエン・シン）」は、うっかりすると見過ごしてしまいそうなほど素朴な外観の加工肉専門店。ガラス製ショーケースに積まれたパテや何種類ものハムは、さしずめベトナム版シャルキュトリーという言葉を彷彿させる。これらを具にしてフランスパンにはさんでもらったら、そのままどこかのカフェに陣取って、思う存分のんびりした朝を楽しみます。それでもまだ、時計は九時にもなっていない。思い出してみれば、私はハノイに定宿をもつことはおろか、この街のホテルで朝食をとったことが、ただの一度もないのでした。

今朝もフォー修業

「フォーはできるかぎりハノイで食べてください」

現地のおいしいフォー屋はどこかと聞かれたとき、私はいつもそう答えます。フォーは本場ハノイにあり。ホーチミンなどの南部や他の地域でも食べられていますが、ハノイにおける専門店の多さ、食べ方のバラエティの豊富さには、やはり本場ならではの歴史とこだわりを感じます。過剰な調味料や香りを一切加えないシンプルなスープは、砂糖やハーブで甘く華やかに彩る南部の味を、フフンとクールに引き離して上座にすわる。

フォーとは、薄く引き伸ばして蒸した米粉の生地を幅広に裁断した麺のこと。やわらかく蒸した生地を乾かさずにカットするので、プルプルとはかない食感が特徴です。現地で

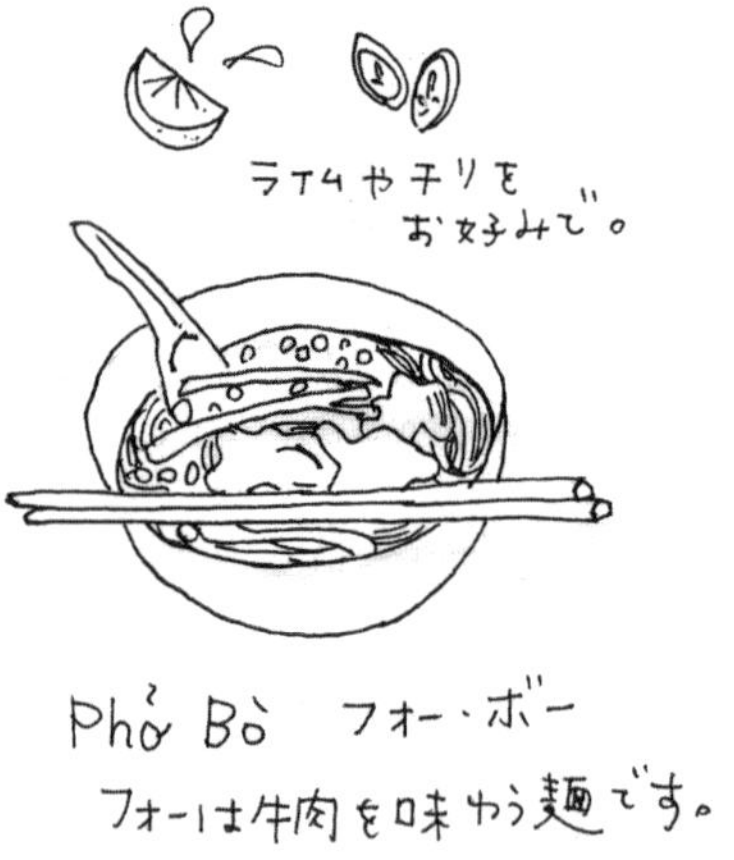
ライムやチリを
お好みで。
Phở Bò　フォー・ボー
フォーは牛肉を味わう麺です。

は「絹のようにやわらかいフォー」がよしとされるため、日本で食べる乾麺のようなコシはなく、箸で強くつまめばプツンと切れてしまうほど。製麺所にもその日に作られた生麺が並び、人々はその日に食べるぶんだけを買っていきます。

また、フォーは牛肉を味わうための料理なので、現地では牛肉のスープで食べるフォーが主流です。牛骨、牛かたまり肉、香味野菜やスパイスなどをじっくりと煮こみ、牛肉の香りをよく引き出しながらも一寸の臭みも残すことなく、澄んで清らかにしあげたスープがおいしいとされます。店によってあっさり味を看板にしていたり、脂を加えてこってり系にしあげていたりと、味のバリエーションは多彩。十人のベトナム人に「おいしいフォー屋はどこ?」と聞いたら、ざっと十軒以上のご贔屓《ひいき》店が挙がってきそうなところは、日本のラーメン屋に少し似ているかもしれません。元祖が牛肉の麺料理なので、日本人に人気のある鶏肉フォーは地味な存在。でも素材の香りをしっかりスープにうつすのは同じ、食通をも唸らすベトナムの地鶏の濃厚な風味には、日本で食べるものとは異なる印象を受けるはず。鶏肉のフォー屋では、サイドメニューに鶏モツ煮を置いているところもあって、これは個人的に隠れた名品だと思います。

さて、ハノイでおいしいフォーを食べようと思えばちょっぴり気合いがいる。旧市街に、早朝から行列のできる牛肉フォーの専門店「Pho Gia Truyen（フォー・ザ・チュエン）」があります。ガラス越しに見える大きな肉のかたまり、流れるようになめらかに肉を削ぐおじさん、そのそばで絶えることなく湯気を立ちのぼらせる寸胴鍋。七時を過ぎれば店の前には次々とバイクが停まり、その間を埋めるように人々が群がり始める。地元の人たちはもちろん、ほかの街から旅行で来ているベトナム人や、初めてハノイを訪れた外国人旅行者でさえ、一度は食べてみたいと恋焦がれる有名な老舗店です。メニューは、「フォー・ボー・チン（煮こみ牛肉のフォー）」「フォー・ボー・タイ（レア牛肉のフォー）」「フォー・ボー・タイ・ナム（レア&煮こみ牛肉のフォー）」の三種類。「煮こみ」はスープをとる際に一緒に煮こんだ牛肉がのっていて、口の中でホロッとくずれるようなやわらかさが美味。「レア」はその名のとおり、生肉に軽く火をとおして麺にのせたもので、牛肉の力強い風味がダイレクトに味わえます。どちらも食べたいという欲ばりな人にはハーフ&ハーフがおすすめ。

すべてにオプションで生卵のトッピングができます。この店のスープは、コクがありながらも後味さっぱりのサバサバ系。食べて麺が減っていっても牛肉はなくならない、太っ腹なボリュームも魅力的です。

最初、小難しい顔のハノイ人たちにまざるのには勇気がいりました。ここはベトナムでは珍しい前払い制なので、席へ着く前にまずはカウンターに並ばなければいけません。順番がきたら注文してお金を払い、できたてのフォーを受け取って空いている席に着く、という流れ。「煮込みをひとつ、卵入りで」とひとりでぶつぶつ復唱しながら、まるで戦場のようなカウンターへにじり寄っていきます。いつもはせっかちで並ぶことが大の苦手なベトナム人も、意中の丼を射止めるとなれば、まじめに前へならえなのがおもしろい。なみなみと注がれたスープから湯気の立った丼をおっかなびっくり受け取ると、外国人だと気がついたのか、黙々と包丁を動かすおじさんが軽くあごをしゃくって空いた席を示してくれた。無事に入場パスをもらい、「おじゃまします」と会釈して通勤前のお姉さんと相席につく。待ちきれずにスープをひと匙すくってすすると、向かいから細い腕が伸びてきて、そばにある瓶をグイッと差し出して、酢やチリソースも入れろと、しきりに身ぶり手ぶり。お姉さんがフォーのおいしい食べ方を教えてくれているのでした。

ベトナム人にとって、フォーはまごうことなき外食です。静かにほとばしる牛肉の旨みや、臭みを消すために調合された複雑なスパイスが溶けこんだスープは、家庭料理では決して作り出すことができない専門店の味。だからこそ、お金を払うからには絶対においしい店を選びたい、食欲の一〇〇パーセントまできっちり満足させたい。決意を抱くお客は飽くなき探求をつづけ、受けて立つ店は淡々と無駄なく一杯の世界を差し出す。まったくこの国の人たちは、日々のささやかな朝食のために、なんと揺るぎない情熱を注いでいるのでしょうか。待つこと五分、食べるのも五分、ゆっくりと水を飲み干したら席を立つ。朝な朝な、ハノイのフォー屋では十分ちょっとの一本勝負が繰り広げられているのです。

フォー・ガー
Phở Gà
牛肉よりも地味な
存在の鶏肉フォー。
あっさりスープに細ねぎ
たっぷり。肉だんご入りも
あります。

ハノイ、カフェ巡礼

ハノイらしいなぁと思うものがいくつかあります。実直な味を守り続けるフォー、滋味深い豆腐料理、茶碗によそわれたほんのりあたたかいチェー、しっかりと苦味を感じる濃いお茶。胃袋に入るものだけではありません。行き交うバイクを覆うような街路樹の緑色、路面にも空にも輪郭が溶けこんでしまっている古い民家、放射状の街路や骨組みが美しい鉄橋などのフランスを彷彿させるデザイン。それから、屋内でひっそりと時間が流れる昔ながらのカフェ。

路上やテラス席のカフェが多いホーチミンとは対照的に、建物のなかで営まれていることが多いハノイのカフェ。もともと路上には茶屋文化の根づいていたこの街、フランスからもたされたコーヒーはお茶よりも高級なものとして、屋内で飲む習慣がついたといわれています。最近では大型のコーヒーチェーン店や、外国人向けの洗練されたカフェなども増えてきましたが、昔から親しまれてきたローカルカフェには不思議な落ち着きがあります。いつもの味、いつもの時間、いつもの空気。安堵感がまざったドロリと濃いベトナムコーヒーを、今日もハノイで一杯。

古民家カフェ

旧市街で朝ごはんを終えると、私の足はいつもここへ向かいます。頭上に掲げられたベトナム語の看板を確かめながら慎重に歩き、お目当ての「Cafe Pho Co（カフェ・フォー・コー）」へ。お腹も満たされ、温度と湿度が加速度を増す午前中は、甘いアイスコーヒーと吹き抜けの風で落ち着きます。

このカフェの入り口は、とにかくわかりづらいのです。通りに看板は出ているけれど、入り口が別のギャラリーになっているものだから、たいていは何度か見落として通り過ぎてしまうことになる。小さなエントランスに吸いこまれて薄暗い通路を抜けると、突如視界が開けて古い民家の中庭があらわれます。天井から差し込む黄色い光、いたるところに置かれた盆栽のような鉢植え、バイクのいすの上に丸まったしゃがれ声の猫。一瞬、誰かの家にお邪魔したかのような既視感に襲われる。

中庭で飲みものを注文し、席のある上階へ向かいます。せまい螺《ら》旋《せん》階段をてっぺんまでのぼると、たちまち息があがる。でも、そこにはがんばったぶんのご褒美がちゃんと待っている。ホアンキエム湖を一望できる最上階は特等席です。夜景が輝く夕暮れ以降は地元っ子たちでにぎわうけれど、この時間帯はたいがい空いているから、湖からの風にあたりながらのびのびと寛げる。

名物メニューは、「カフェ・チュン」という泡立てた卵が入った甘いコーヒーです。その昔、異国でカプチーノを飲んだ店主が、ベトナムにもどって見様見真似で作ったのがはじまり、という噂。

学生カフェ

「カフェ・フォー・コー」から望む景色のちょうど左下あたりに、ハノイ最古のカフェといわれる「Cafe Dinh（カフェ・ディン）」はあります。私は真偽を知らないけれど、今にもくずれ落ちそうな古ぼけた建物には妙に真実味が含まれている。こちらも入り口は別の鞄屋さん、構わずにすり抜けて奥の階段をのぼればたどり着きます。

入ってまず、ひしめき合うお客たち、しかもその大半が学生であることに圧倒されます。冷暖房のない薄暗い店内、新聞や雑誌といった情報源をスマートフォンやタブレットに変え、コーヒー片手に談笑し情報交換する若者たちは、元祖フランスのカフェ精神をゆるやかに受け継いでいるようにも見える。カウンターの後ろにいくつも並ぶ、ガラス瓶にアルミのフィルターをのせた自家製パーコレーター。壁には、ミルクコーヒー、ブラックコーヒー、リプトン、温かいお茶、オレンジジュース……とメニューが書かれた薄っぺらい紙が貼ってある。使いこまれた木製の低いテーブルといす。天井に近いスピーカーからは、アメリカの古い音楽が大音量で流れている。足元に散らかったお茶請けのひまわりの種の殻が、踏まれるたびにパキパキと小気味よくギターの音色にからむ。

街のなかにある確かな居場所は、カフェでなくてはならない。今を生きるハノイの若者にとって、ここはそういう存在なのかもしれないとふと思う。

画廊カフェ

少し歩いて旧市街の東へ足を伸ばし、「Cafe Lam（カフェ・ラム）」へ。

一見、通り過ぎてしまいそうな地味な外観ですが、実は絵のあるカフェとして、このあたりでは昔から名の知られた老舗カフェです。先代の友人に画家がいたのがきっかけといわれ、一九六〇年代の風景画などが壁一面を飾ります。

ほどよく落ち着いた雰囲気に引き寄せられるように、あっちにひと組、こっちにひと組、混み合っているわけでも空いているわけでもなく、味わい深く風通しのよい空間。ふらりと立ち寄って、ひとりでぼんやり考え事をするもよし。時間を忘れて友達とのおしゃべりに花を咲かせるもよし。

お決まりの低いプラスチックいすに腰をおろして、昔ながらのベトナムコーヒーを待つ。エスプレッソのように黒々と濃厚なコーヒーには、相変わらずたっぷりの甘い練乳がお似合い。そろりそろりとアルミスプーンでかき混ぜれば、いつも変わらないハノイの時間が流れます。

共産カフェ

「カフェ・ラム」からコーヒーも冷めない距離にある「Cong Caphe（コン・カフェ）」は、ここ最近、ぐんぐんと勢力を拡大しているハノイ最先端のカフェチェーンです。「コン・カフェ」、訳せば「共産カフェ」という。

交差点に屹立《きつりつ》するオリーブグリーンの壁、ヒラヒラと揺れる金星紅旗が看板がわり。店内にはそこここにプロパガンダアートが飾られ、チャイナカラーの古い布がかかったソファや、真紅のバラが生けられた花瓶に目を奪われます。レーニンの書物に無造作に書き込まれたメニュー、キッチンにぶら下がるホーロー製のレトロな食器、店員さんの制服はカーキ色の渋いミリタリージャケット。共産主義というベトナムらしさを誇示しながらも、どこかアーティスティックな雰囲気が漂うこのカフェには、時代を先取りするお洒落な若者たちが集います。

インテリアだけでなく、充実したドリンクメニューもこのカフェの魅力です。私のお気に入りは、コーヒーを甘いヨーグルトで割った「スア・チュア・カフェ」。甘さと酸味が同居する不思議な味わいがやみつきになります。ヨーグルト繋がりで、「スア・チュア・

ネップ・カム」という、甘く炊いた黒もち米にヨーグルトと練乳をかけたスイーツも人気。コーヒーの上に爽やかなココナッツスムージーがこんもりとのった、「シン・トー・コット・ズア・カフェ」もおすすめです。

一杯のつもりが二杯、三杯。ハノイのカフェでは、今日も揺るぎないやわらかな時間が流れています。

エッグコーヒーと黒米ヨーグルトは
ハノイならではのカフェメニュー。
お試しあれ。

Cafe Trứng
カフェ・チュン
Sữa Chua Nếp Cẩm
スア・チュア・ネップ・カム

蓮の花が開く音

我が家のベランダから、近所の保育所に植えられた桜の木が見えます。四月に入れば満開となり、すぐにみずみずしい新緑へと変わり、夏には茂る葉っぱが青空に映え、風が涼しくなる頃からやがて枯れ木となって厳しい冬を越す。同じ木の下で泣いたりはしゃいだりを繰り返す子供たちや、せっせと駆けまわる保育士さんたち、洗濯物を干しながらそれを眺めている私にも、一日とて同じ景色の日はありません。力強くもはかなく咲く桜の花は、繊細で変化に富む日本の四季の象徴。「めまぐるしい日本には住みたくないけれど、毎年春だけは日本が恋しくなるよ」と、満開になったその桜を見るたび、ベトナムに長く暮らす友人たちが口を揃えることを思い出す。そして、私にも同じように恋しくなる花がベトナムにあるなぁ、ということを。

ある年の七月、ハノイで蓮の花摘みを見学しました。蓮はベトナムの国花、花は鑑賞用やお茶に、茎と実は料理やお菓子に使われ、また葉も香りづけの食材として料理に、と余すところなく使われます。開花の盛りは六月下旬〜七月中旬頃に限られるため、花摘み風景にはこの時期にしか出会うことができません。蓮池を訪ね、摘んだばかりの花を使った製茶作業を見るミニツアーに、長年の願いかなってようやく参加することができました。

午前四時半、あたりがまだ暗闇に包まれている早朝、眠い目をこすりながら向かった先はハノイ最大の湖、タイ湖です。しらじらと明るくなってきた頃、清廉な太陽の光を浴び、何本もの細い棒が湖の上を動いているのが見えました。近づいてみると、それは蓮の花を摘む人をのせた小舟から伸びているオールがわりの竹ざおです。エンジンのない手漕ぎ舟は音もなく、水面をひっそりたゆたうように、丸い葉っぱを茂らせた蓮のあいまを行き来している。傘のように広がる葉は大きすぎて、湖のへりからは花がぽつぽつとしか見つけられないけれど、舟の底にはすでにピンク色の山がいくつもできあがっています。摘まれた蓮の花は大きな袋に手早く詰められ、見守る旅人たちをよそに淡々と、次の作業場へと運ばれてゆきました。

私たちもそれを追い、旧市街に構える一軒の蓮茶専門店「Huong Sen（フォーン・セン）」へたどり着きました。ここで、製茶作業の一部を見せてもらうことができるのです。運ばれてきた大量の花から、おしべの先っぽの葯《やく》と呼ばれる部分と、内側の小さな花びらをとり出す作業が始まりました。葯は「ガオ・セン（蓮の米）」とも呼ばれ、ここに蓮の甘い香りが詰まっている。小さな花びらは葯が乾燥しないよう一緒にむしりとり、あとでふるいにかけてとり出します。百本の蓮の花から採れるガオ・センはたったの百グラムと非常に少ないうえ、採取はすべて手作業です。集められたガオ・センを茶葉にまぶし、蓮の花と葉で包んで一日熟成させたら、そのあとは蒸らして乾燥、蒸らして乾燥の繰り返し。最後にガオ・センを茶葉からとりのぞき、袋詰めされてお茶となります。熟成、蒸らし、乾燥、と書けば工程はシンプルですが、作業するその日その日、温度や湿度、花や茶葉の状態を感じとるこまやかな神経が要求される職人技。特に熟成の過程では、蓮の香りを保つために作業はすべて早朝のうちに終えなければならず、また雨の日は一切行えないのだそうです。残ったおしべや花びらは捨てることなく、漢方薬局やスパに持って行かれるらしい。「フォーン・セン」の蓮茶は、五十グラムで千円程度する高級品。でも、茶葉に人工的な香りをつけただけの安価なフレーバーティーと飲み比べてみれば、その手間ひまをかけた味わいは瞭然です。小さないすにのんびりと腰かけて試飲用の蓮茶をすすめてくれる店主は、英語をとても流暢に話す。「うちのパッケージをそっくり真似して、気がつかない旅行者相手に売る店もあります」と話し、パッケージには店主自らの顔写真を入れて、誇り高き元祖の名を守るための工夫もしているのだとか。私もあちこちでいろいろなベトナム茶を飲みますが、日本に帰ってきてからも焦がれるのは、ここ「フォーン・セン」の蓮茶だけ。おいしいものには、高くてもちゃんとわけがある。ベトナムのなかでも特に香りよいとされる北部の蓮はもちろん、店主のきまじめであたたかい性格も、そのわけのひとつなんじゃないかと思います。

そういえば、蓮はちょうど夜から朝に変わる時間に花開く、と聞いたことがあります。早朝の静寂を打ち破るように、ピンク色のかたい蕾が「ポン!」と鮮やかな音を立てて開き、午後になればまたすっかり閉じてしまう。それを四、五日ほど繰り返したら、短い命をまっとうしてはかなく散る。私はその様子を目にしたことはないけれど、初夏だけに聴ける潔い命の音を、いつか耳にしてみたいと思う。それはたぶん、咲き始めたと同時に散り始める桜の花のはかない視感に、少し重なるような気がしている。ベトナムで桜を懐かしむ者、日本で蓮に想いを馳せる者。お互いにないものねだりの五感が季節を焦がれ、毎年海の上を飛びかいます。

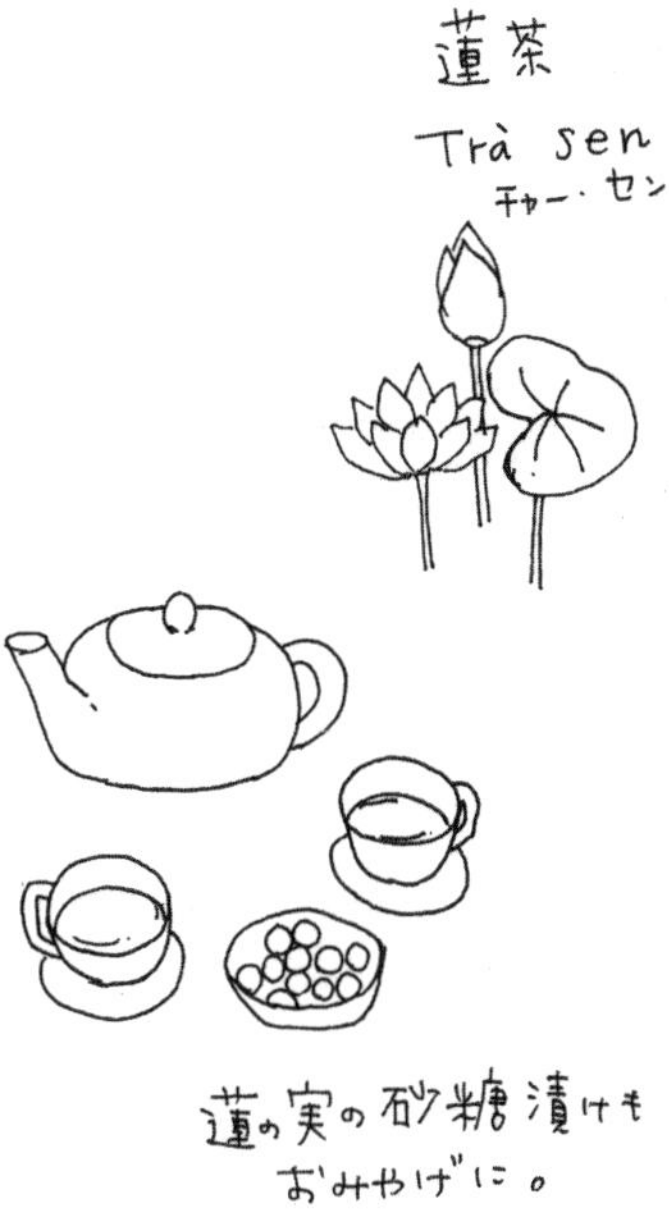
蓮茶
Trà sen
チャー・セン
蓮の実の砂糖漬けも
おみやげに。

もうごはん食べた？

宿の階段を下りていくと、フロントのお姉さんに「アン・コム・チュア？」と声をかけられました。「アン」は「食べる」、「コム」は「ごはん」、「チュア」は「もう〜した？」という意味。つまり、「もうごはん食べた？」ということ。昼ごはんや晩ごはんの時間が近づいてくると、ベトナム人が好んで使う表現です。食事に誘うための前置きかと思いきや、実は単なる挨拶のかわり。「もうごはん食べた？」というよりも、「ちゃんとごはん食べた？」というニュアンスに近い。腹ぺこでしょうがない昼食時、「チュア！（まだ！）」と爽やかに返して街へ出かけます。

ベトナム料理をひとことで表すのは難しいですが、ざっくり言うならば、基本は地方ごとの家庭料理で、いかに米を食べられるおかずかという基準で需要が決まります。南北に長いベトナムは、北部・中部・南部と風土の異なる三つの地方に分かれ、それぞれに適した食材や食文化が育まれてきました。ハノイを中心とする北部のおかずは、中部や南部に比べると、素朴でシンプルな味わいが特徴です。砂糖の甘味をひかえ、塩やしょうゆがベースのあっさりした薄味が好まれます。ゆるやかな四季があるため、季節ならではの食習慣を大切にするのも北部ならでは。

そんな北部の味を楽しめるお気に入りの食堂が、ハノイにはあります。毎日のように通えて、ひとりでも気兼ねなく入れて、誰かと一緒のときはあれこれと思いきり注文して食

べられる。カジュアルかつリーズナブル、サービスも良質で安心して人におすすめできる、まるで近所の店みたいな理想の食堂。本当はレストランなのだけれど、あえて親しみをこめて食堂と呼びたい。そんな雰囲気の店が「Quan Com Pho（クアン・コム・フォー）」で、ホム市場の近く、にぎやかな通りに面して建っています。

「クアン・コム・フォー」の食卓は、米を食べるための食卓です。ごはんは素焼きの土鍋で炊くスタイルで、メニューにはごはんがすすむ素朴な家庭料理がずらり。ここで食べるべきものは、川の幸を使った主菜と、野菜や豆腐のシンプルな副菜です。不動の人気を誇るのは、川魚の甘じょっぱい煮付け。ベトナム全土で愛されるごはんのおかずで、北部味はしょうゆがきいて色が濃く、しょうがやレモングラスなど香味野菜の香りが食欲を刺激します。未知なる皿にチャレンジしたい方は、タニシと青バナナの炒め煮がおすすめ。こちらは北部限定のおふくろの味で、タニシ肉と未熟なバナナ、厚揚げ豆腐をターメリックや米麹で煮こみ、青じそをたっぷりと加えたもの。説明からはまるで想像がつかない、いかにも異国の家庭料理らしい一品です。

厚揚げ豆腐といえば、北部では隣接する中国から影響を受けた豆腐料理も豊富です。豆腐の黒こしょう揚げ、揚げ豆腐の塩漬け卵ソース、揚げ豆腐のねぎ浸しなど、なんとも魅力的な料理名が並びます。また、料理といってよいのか迷うくらい簡素なゆで野菜も、日々の食卓には欠かせません。空心菜やツルムラサキなどの青菜をはじめ、キャベツや隼人瓜、かぼちゃやさつまいものつるは定番で、熱々の野菜をタレにつけながらいただきます。そして、はずせないのはスープ。これがなければ、ベトナム人の家庭料理は完成しないといっても過言ではないほど。北部のスタンダードといえば田蟹のスープで、殻ごとすりつぶした蟹をふわふわの浮き身に仕立て、どっさりの青菜を加えたスープです。飾り気のない滋味深いダシを飲み干せば、食後の胃袋がぽっととぬくまります。

昼食を終えて宿へもどると、さっきとは別のスタッフに「アン・コム・チュア?」と声をかけられました。今度は「ゾーイ!(もう食べたよ!)」とにっこり笑う。そうかそうか、とスタッフも笑う。それにしても、挨拶にまでごはんという言葉を使うなんて、いかにも米食いの国、ベトナムらしい発想ではありませんか。ただの挨拶と言ってしまえばそれまでだけれど、そこにはきっと、あなたの胃袋までちゃんと気遣っていますよ、と食いしん坊ならではのやさしさが含まれているような気がしてなりません。

そうだ、ブン・チャー食べよう

五月に入ったハノイは猛暑のきざし、炎天の下、路上の温度計は軽々と四十度を記録します。ベトナム北部の暑さは独特で、ピークは五月から七月頃。これはもう体感してみないとなんとも……と思うのですが、じわりじわり、ねっとりと肌にまとわりつくような酷い蒸し暑さです。焼きつけるような日差しに加え、部屋に洗濯物を干してもエアコンをつけないかぎり乾かないほどの異常な湿度。景色はゆらゆらと気だるく揺れ、まるで街ごと銭湯かサウナになったみたい。数分も歩けば汗でぐっしょり、何度となく宿へもどっては水のシャワーを浴び、自分も洗濯物になってエアコンの風にあたる。どこかへ入るたびに冷たいものばかり飲むから体力は奪われ、食欲もどんどん減退していく。食べることしかとりえのない私は、そんなとき、さてどうするか。暑さに負けそうな胃袋が熱烈歓迎するベトナム料理はただひとつ、「そうだ、ブン・チャー食べよう」となるのです。

炭火の香りをたよりに昼の旧市街を歩けば、たいていはブン・チャー屋の軒先へたどり着きます。「ブン・チャー」は、いわばベトナムのつけ麺料理。こんがりと炙った豚つくねと豚バラ肉を甘酸っぱい漬け汁に入れ、ブンという細い米麺を浸しながら食べます。別皿にシャキシャキのレタスや細く裂いた空心菜の茎、ハーブの盛り合わせが出てくるので、これらも一緒に沈めて食べる。このボリュームたっぷりの麺料理、野菜やハーブはもちろん、漬け汁の中に入った青パパイヤとにんじんのなますがよいアクセントになり、淡泊なブンが豚肉の脂を絶妙な塩梅《あんばい》で中和してくれる。追加に揚げ春巻きをたのむこともでき、ハサミでちょきちょきと一口サイズに切ってくれるので、同じようにタレに浸します。二種類の香ばしい豚肉に魚醤《ぎょしょう》と酢の酸味が合わさり、にんにくや唐辛子の香りが食欲を刺激して、食べるごとにみるみるお腹がすいてくるのがわかる。私はふだん、ブン・チャーにそれほど特別な思い入れは抱いていないのですが、こうやって暑い時期のハノイで存在感を確認するたび、「ああ、ブン・チャーが好きだ！」といつも心から宣言してしまうのでした。

ところで、ブン・チャーに添えられる米麺ブンは、日本で有名なフォーよりもずっと、この国ではポピュラーな麺といえるかもしれません。ベトナム人はブンが大好き。ほかのどんな麺料理よりもバリエーションが豊富で、日常の食生活では確固たる地位を築いています。もともとは北部発祥の麺ですが、今ではベトナムのいたるところで作られていて、そうめんに似たほどよい細さと丸い切り口、ツルツルと軽くやわらかい口あたりで食べやすい。なんとなく地味でパンチがなく、味にはアクも主張もないのですが、だからこそどんな料理にも合わせやすく、さまざまな食卓シーンで底力を見せつけます。

ブンが広く愛されている理由は、まずはその主張をしない麺料理としての懐の深さにあります。「汁」だろうが「和え」だろうが「つけ」だろうが、なんでもござれ。牛肉、鶏肉、豚肉、豚足、肉だんご、白身魚、あさり、しじみ、タニシ、田蟹、さつまあげ、揚げ春巻き、豆腐、干したけのこ……と、書き連ねればきりがないほど、組み合わせる具にいたっては実に多彩です。「フォーは牛スープで」「フー・ティウは豚骨で」など、多くのベトナム麺は具やスープとの組み合わせが決められていますが、ブンは自由自在、あらゆる食材との味の相性を問いません。さらに、ブンは白いごはんのかわりとしても常食されます。たとえば、ベトナムの鍋料理はこのブンと一緒に出てくるのが定番です。麺だけれども締めではなく、具やスープと一緒にお椀に入れて食べます。また、巻き物にもブンは欠かせません。生春巻きはもちろん、焼き肉やしゃぶしゃぶなどの肉料理、丸ごと揚げたり蒸したりした魚、これらはすべてブンや生野菜などと一緒にライスペーパーで巻き、タレにつけて食べます。味の濃いものや脂っこいもの、汁のたっぷりあるおかずなどと食べる感覚は、まさに白いごはんと同じ。ごはんは炊かなければいけませんが、ブンなら市場へ行って買ってくるだけ。そんな気軽な雰囲気も親しみやすさを生んでいるといえます。

ブン・チャー以外にも、ベトナム南部に比べ、ハノイではブンをよく食べます。「チャー・カー」もそのひとつで、白身魚をターメリックや調味料に漬けこみ、卓上鍋でジュージューと揚げ焼きにするもの。しあげにディルと分葱《わけぎ》をどっさり投入して清々しい香りを漂わせたら、茶碗によそったブンの上にとり分け、旨みたっぷりのタレをかけて食べます。鍋のなかみを油ごとのせるので、最初は見たことのない油っぽさにギョッとしますが、たっぷりのハーブやタレに入ったえび味噌の香り、トッピングのピーナッツの食感、そしてなによりもクセがなく他の食材を活かすブンと混ざり合えば、たちまちに美味なる碗へと変化していく。丸まってくっついていたブンは油がからまってなめらかになり、箸先の動きもよくなるから、つられて胃袋がスルスルと動き出す。

そんなチャー・カーは、旧市街の老舗店「Cha Ca La Vong(チャー・カー・ラ・ボン)」が生みの親。あまりにも有名店となったため、この店がある通りは「チャー・カー通り」と名前を変えてしまったほどの名物です。ラ・ボンとは、古代中国の軍師「太公望《たいこうぼう》」のこと。店頭に飾られたラ・ボン像を目印に、今もたくさんのお客が旧市街の一角を訪れています。

Bún Chả ブンチャー
山盛りハーブ
ブン
豚つくね と 豚バラ入り 漬け汁
にんにくとチリ

プラスチックいすの目線

一月のハノイは思っていたよりもずっと肌寒く、上着を重ねて宿を出ました。約束の晩ごはんまでにはまだ時間があるので、散歩がてらチェーを食べに行くのです。迷路のような旧市街、地図と看板をかわりばんこに見ながら、通り名と番地の記憶をたどって進んでいく。いくつもの大きな鍋を前に腰かけるおばちゃんと、店先に積み上げられたプラスチックいすが頼りなのでした。とろとろに煮こまれてポタージュスープみたいになった緑豆や黒ごまのおしるこ、それから甘いシロップに浮かんだ大きなだんご。だんごを茶碗によそってもらい、お風呂いすみたいな低いいすに腰かける。ひと匙すくって食べると、おばあちゃんの手作り菓子みたいな素朴な味で、懐かしい匂いがしました。上にかかったココナッツミルクのやさしい甘み、だんごは白玉のような大福のようなもっちりと絶妙な食感で、かじると中身は緑豆あん。懐かしいと思ったのは、シロップに浮かんでいるしょうがの匂いでした。ほんのりあたたかい茶碗が、冷えた手のひらをじわじわとほぐしてくれる。なぜか私は、チェーは冬のハノイで食べるのが好きです。

「チェー」とはベトナムの伝統的なおやつで、豆やいも、粟やはと麦などの穀物、果物などを砂糖と一緒に煮たもの。煮たままのあたたかいチェー、氷を入れて冷たくしたチェーとの二種類があり、専門店や屋台で気軽に食べることができます。昔は年中行事の際、遠くからやってくるお客をもてなす甘味として作られていたそうですが、現在では庶民の日常的なおやつとして親しまれています。女性や子供だけでなく、スーツ姿のビジネスマンや作業着姿のおじさんが嬉々としてチェーをほおばっている姿は、いつもなんだかほほえましい。

ベトナムのチェー屋の流儀をご紹介しましょう。大きな店舗を構えているところは別として、チェー屋の多くにはテーブルがなく、低いプラスチックいすが床や路上に置かれています。このプラスチックいすはテーブル代わりにもなる優れもの。さらにお客がたくさん来ても大丈夫、端に積み重ねられているいすを出せば、あっというまに新しい席を作れ

ホア・クア・ザム
Hoa Quả Dầm

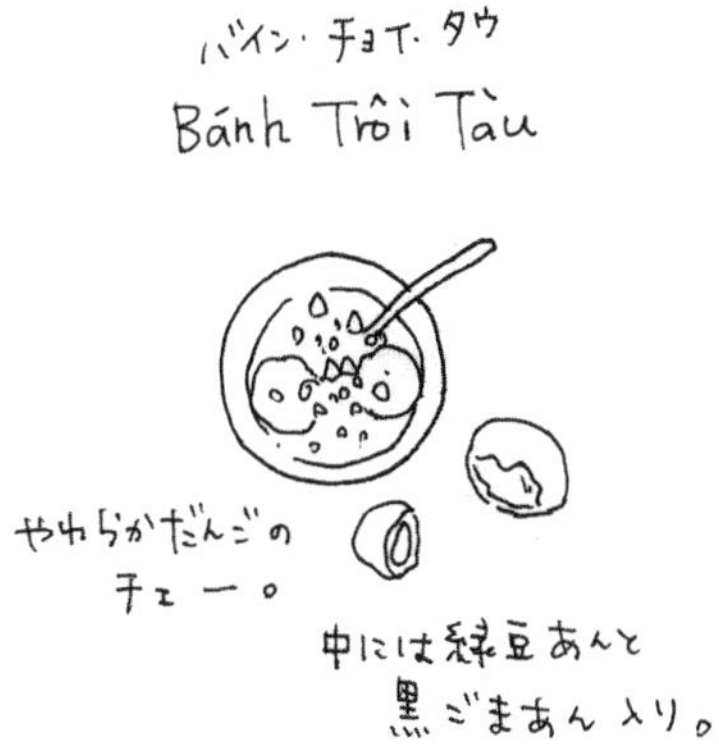
バイン・チョイ・タウ
Bánh Trôi Tàu
やわらかだんごのチェー。
中には緑豆あんと黒ごまあん入り。

るというわけです。注文方法はとても簡単。単品のチェーであれば数を言い、いくつかの具が並んでいるチェー屋であれば、店頭に並んだものを指差して作ってもらいます。おまかせにしたいときは、「タップ・カム（ミックス）」といえばおすすめの組み合わせで出してくれます。

あたたかいものはそのまま食べますが、氷入りの冷たいチェーはよく混ぜて食べるのがおいしさのコツ。つきささった長いスプーンで、グラスの底から上までをしっかりと混ぜ合わせて冷やし、具材をまんべんなく口に運べるようにするのです。氷は自分で好みの量を入れられるよう別添えの場合もあれば、最初からグラスに入っている場合もある。甘さや温度を調整するためのアイテムとして追加もできます。チェーを食べ終わったら、お茶を飲んでひとやすみ。たいがいポットと小さなグラスがセットで置かれているので、セルフサービスでいただきます。

場所は変わって、同じ旧市街のトー・ティック通り。ここもまたプラスチックいすが目印の一角です。通りにいくつもの店が集まる「ホア・クア・ザム」は、ここ十年ほどでハノイにすっかり定着した名物スイーツ。「ホア・クア・ザム」、訳すと「つぶしたフルーツ」。グラスに盛られたカラフルなカットフルーツに、たっぷりのコンデンスミルクと少量のココナッツミルクをかけ、スプーンでフルーツをつぶし氷を入れながら食べます。パパイヤ、マンゴー、すいか、ジャックフルーツ、ドラゴンフルーツ、竜眼、いちご、バナナ、アボカド……とさまざまな種類のフルーツは、季節やお店によってちょっとずつ組み合わせが違う。グラス越しの色がきれいなので乱すことに躊躇してしまうけれど、濁ったような色になるまでひたすらにかき混ぜるのが正しい味わい方。おやつどきだけでなく、夜になっても老若男女が低いいすの上でマイペースにグラスをカチャカチャやっている風景は、この国独特の食文化かもしれません。

そういえばベトナム在住の友人が、旅行者からローカルな飲食店に行きたいと言われると難しい、自分が日頃ローカルと思っている店へ連れて行くとひかれてしまったりする、と話したことがあります。旅行者がいう「ローカル」とは、店全体の雰囲気のことではなく、ガイドブック的な生春巻きやフォーなどではない食べものというだけのこともあるから、と。それじゃあどうするのと尋ねたら、「いすの低さでどこまでいけるかを聞いて確かめる」というので思わず笑ってしまったのですが、これにはなかなかの説得力があるなぁと思いました。腰かけたときの目線が上から下へ、地面に近づいていくほど、確かに食べもの屋ではローカル度の星が多くなっていくような気がします。

実をいうと、お風呂いすよりもさらに低いすてきな世界もベトナムにはあるのですが、それはまた別のお話。

キッチュな色の
プラスチックいす。
まったり落ち着ける
座り心地。

ホアンキエム湖ぐるり

日がかたむいて風が出てきたら、ホアンキエム湖へ夕涼みに出かけます。夕暮れどきに足がいそいそと向かう先は、北側の湖畔にある「Legend Beer（レジェンド・ビール）」。船のような不思議な形をしたビルの二階、ゆるく扇風機がまわるテラス席が、冷房の苦手な身にはちょうどいい。朝は甘いコーヒーを飲みながら眺めていた湖の風景も、西日に当たって別の表情。冷たいビールに喉を鳴らしながら眺めてみれば、ゆるゆるとほどけてゆきます。

街の中心にある湖、ホアンキエム湖はハノイっ子たちの憩いの場です。朝は早くからおばちゃんたちが太極拳や体操を楽しみ、昼間は外国人旅行者が集う観光スポット。夕方になればジョギングやウォーキングにいそしむ人々とすれ違い、夜は帰りたくない恋人たちの逢瀬の場所となります。ベレー帽をかぶって新聞を広げる渋いおじいさん、揚げドーナッツを抱えて売り歩くおばちゃん、かわるがわる写真を撮り合う観光客。日曜日には、ウェディング写真を撮影するカップルたちの幸せそうな笑顔があちこちにあふれたりもする。

ホアンキエム湖は、かつて東に流れる紅河とつながっていましたが、フランス統治時代より埋め立てられて今の形になりました。一周二キロにも満たない小さな湖には、ふたつの建物がひっそりと浮かんでいます。ひとつは北側にある「玉山祠《ぎょくさんじ》」。湖へぐっとせり出すようにカーブを描く赤い欄干の橋が目印。渡った先にあるお寺には、昔の武将や学者たちがまつられているとともに、湖で捕獲された大きな亀のはく製が飾られています。そして、その亀にまつわるもうひとつの建物が、南側にぽつんとたたずむ「亀の塔」。湖にはこんな伝説が語り継がれています。

「ベトナムが明（中国）の支配を受けていた時代、レ・ロイという王様が神から魔法の剣を授かり、その宝剣で見事に独立を勝ちとりました。勝利のあと、王様が湖で神の使いである亀に剣を還したことから『還剣湖』、ベトナム語で『ホアンキエム湖』と名付けられました。『亀の塔』は、その剣が沈められたとされる場所です」

大きな亀は現代の湖にも生息していましたが、数年前、療養のため捕獲されたのだそうです。

夕焼けビールを飲み干したら、のんびりした湖をぐるりと散歩して、水上人形劇の幕開けを待ちます。水上人形劇とは、ベトナム北部発祥の伝統的な人形劇。水面を舞台に、すだれで隠された舞台裏で人間が巧みに人形をあやつり、歌と楽器の音色にのって人形たちが躍動的に水面を動きまわるエンターテインメント。ホアンキエム湖畔にある「タンロン水上人形劇場」では、この愉快な大衆芸能が毎日上演されていて、観光客にはとても人気があります。もともとベトナム北部の農村で親しまれてきた娯楽が都会へ伝わり、一時は衰退の道を歩みながらも、時代を経て設備を備えたステージで復興し、今では国民的な舞台芸術として海外からも名声を得ています。ストーリーはなく、農村の日常風景や歴史的な伝説を題材にした小品集仕立て。コミカルな人形の動きはもちろん、水面を生かした華やかな演出や、伝統楽器の生演奏にも存分の魅力があり、私は何度見ても飽きることがありません。

水上人形劇の幕が閉じて外へ出れば、そろそろ湖には闇がおりる頃。私のハノイ夕食劇場はこれから開幕、ようやく暑さの落ち着いた街へ繰り出します。

揚げとうもろこしは
ハノイの
← 定番おつまみ
です。

ホアンキエム湖畔のレジェンド・ビール。
たまにはヨーロッパの生ビールで乾杯。
料理はイマイチなので… 簡単なつまみと。

焼き鳥屋通り

ホアンキエム湖の少し南に、焼き鳥屋が何軒か集まる小さな通りがあります。焼き鳥屋といったって屋根があるだけの狭い店で、店の前へ簡易テーブルといすを押し出すように広げ、軒先でもうもうと煙を立てながら炭火で鶏を焼いている。日が暮れる頃から、あたりには香ばしい匂いが漂います。もも、手羽、足、砂ぎもなど、メニューにはいろいろな部位が並ぶ。日本のように「塩」「タレ」といった選択肢はなく、しっかりと調味料に漬けた肉を骨付きのまま串に刺して焼き、レモンをしぼった塩こしょうや、チリソースなどをつけて食べるのがベトナムスタイルです。日本の鶏よりもぎゅっと引き締まった肉感で、脂っこさもなくすっきり野性的な味がします。サイドメニューも充実していて、焼き鳥屋

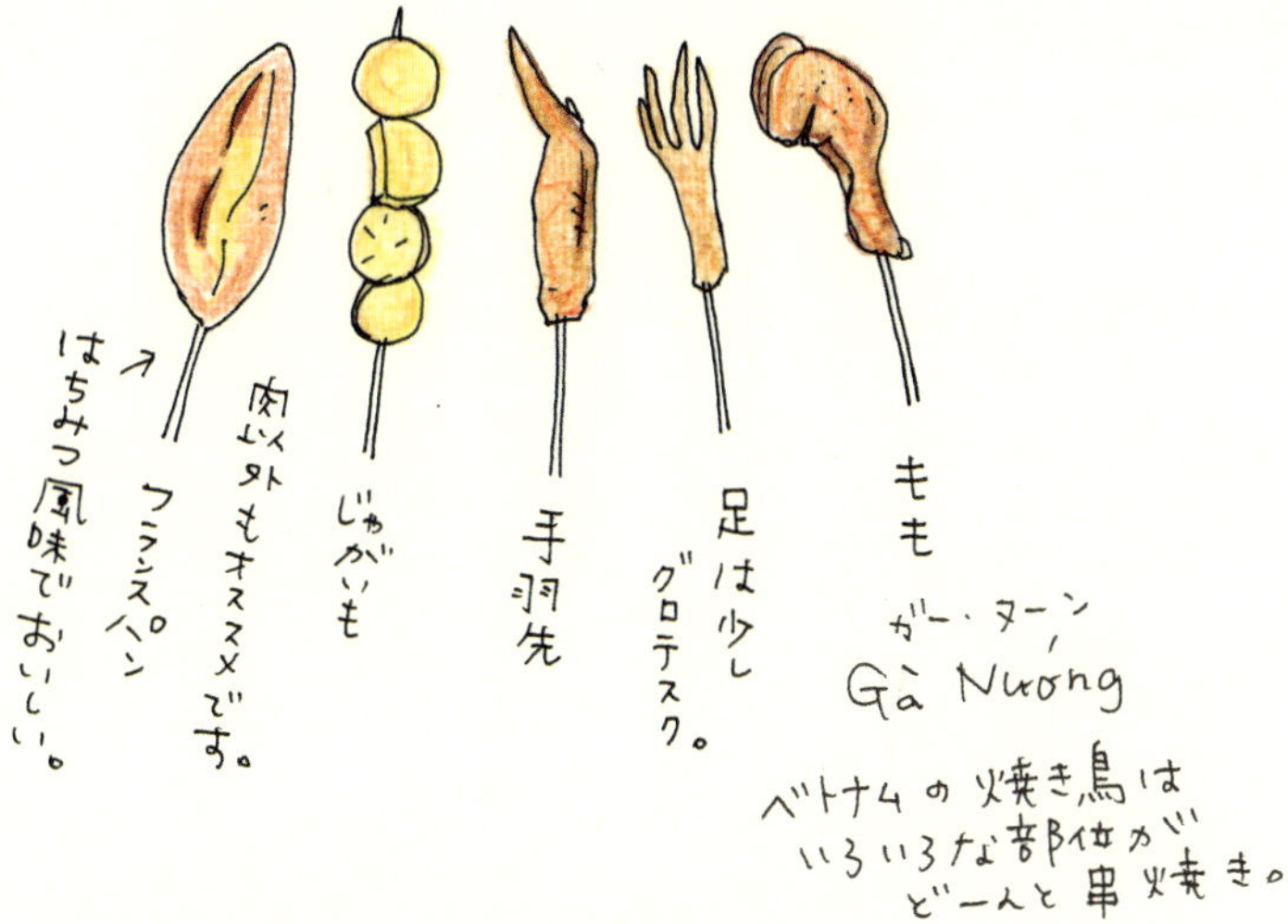
もも
ガー・ヌーン
Gà Nuơng
足は少しグロテスク。
手羽先
じゃがいも
肉以外もオススメです。
フランスパン
はちみつ風味でおいしい。
ベトナムの焼き鳥はいろいろな部位がどーんと串焼き。

なのに豚スペアリブやソーセージがあるし、ごろごろと大きなじゃがいも串や、フランスパンにはちみつとバターをまぶして炙ったバイン・ミー串にはハマる人が多い。お通しで出てくるカットきゅうりや空心菜の漬け物がよい箸休めとなり、肉もビールもすすみます。

日本でも寿司は寿司屋、焼き鳥は焼き鳥屋で食べたほうがきちんとおいしいものにありつけますが、それはベトナムでも同じこと。情報誌などが少なく口コミで飲食店の評判が広がるこの国では、「焼き鳥なら、あの通りのあそこがおいしいよ」と聞いて専門店めがけて食べにいくことがほとんどです。さらに、地元の人たちで混雑している店であればたいがいは間違いありません。幸い、ローカル店の多くはオープンエアだから中がよく見えるし、おまけに店の前に停まっているバイクの数でお客の数もわかってしまう。「ローカルな店は言葉が通じるか心配」とあきらめる旅行者も多いけれど、専門店にはその専門料理しかないのですから、注文は意外と単純で簡単。お隣が食べているものを指さして「同じものを」と言えばいいし、こまかいことがよくわからなくても、人数さえ伝えればだいたいの適度なボリュームで見繕って持ってきてくれます。

現代では、家賃の高騰などによりその文化も崩れつつありますが、昔は「専門街」として同じ料理を扱う店がひとつのエリアに集まっていたベトナム。それとはまた別のちょっとおもしろい発想で、ひとつの通りに同じ料理の店がズラリと建つ光景を目にすることができます。料理でもおやつでも、まずはどこか一軒が、新しい名物を考え出して流行の兆しを作ります。そして、その店が成功して流行り出すと、隣近所が次々と同じ商売を始めてパクリの店が出現します。今まで飲食店をやっていなくたってお構いなし、なかには看板まで元祖店と同じような雰囲気に描いて、よくよく見ていないと危うく入ってしまいそうなところもある。少しくらい変化をつけたり、さらなる新メニューを打ち出したほうが繁盛するんじゃないかと思うけれど、これぞベトナム的気抜け商売の真骨頂。「あそこが流行ったからうちもやってみますか……」という実にゆるい考え方なのです。一軒が流行っていれば通りには自然と人が集まってくるので、そこからお客をもらえればいい。必要以上にがんばらなくても店側はそれで成り立っていれば問題ないので、きちんと吟味して元祖を選ぶも、よくわからずに妥協してパクリで手を打つも、あとは選ぶ側のお客次第というわけです。

さて、ここはハノイの焼き鳥屋通り。私がいつも選ぶ店が元祖だったのかどうかはわかりませんが、今夜もお客が途切れることなく出入りし、きちんとにぎわいを見せています。最近、「そこよりもいちばん奥の店のほうがおいしいよ」という声も聞くから油断できません。今度は奥まで行ってみようかと思い、きゅうりをかじってぬるいビールを飲みながら、私はぼんやり考える。たとえ河岸を変えて失敗することがあったって、雑誌やインターネットに書かれた情報に頼りきって食べるものを選ぶ日本より、こっちのほうがずっと健全なんじゃないかって。やっぱり自分の勘と舌をちゃんと信じたいなぁと、運ばれてきた香ばしいもも肉にガブリとかぶりつき、いつもと変わらない舌鼓を打ちました。

おやつの時間

ベトナムでは、一般的にデザートを食べる習慣がありません。食後にはせいぜい果物をつまむくらいで、午後三時頃に「軽いおやつ」、遅い夜には「夜更けのおやつ」など、おやつは別の時間にきっちりとりとります。ベトナム人にとってのおやつは、ただ小腹を満たすためだけのものではなく、三度の食事と同じように、誰かと一緒にかこむ大切な食べもの。そこに宿る精神は「An cho vui（アン・チョー・ヴイ）」、つまり、「楽しみのために食べましょう」。食べて楽しい時間を共有することが、おやつの存在意義なのです。

おやつの種類は、大きくふたつに分け

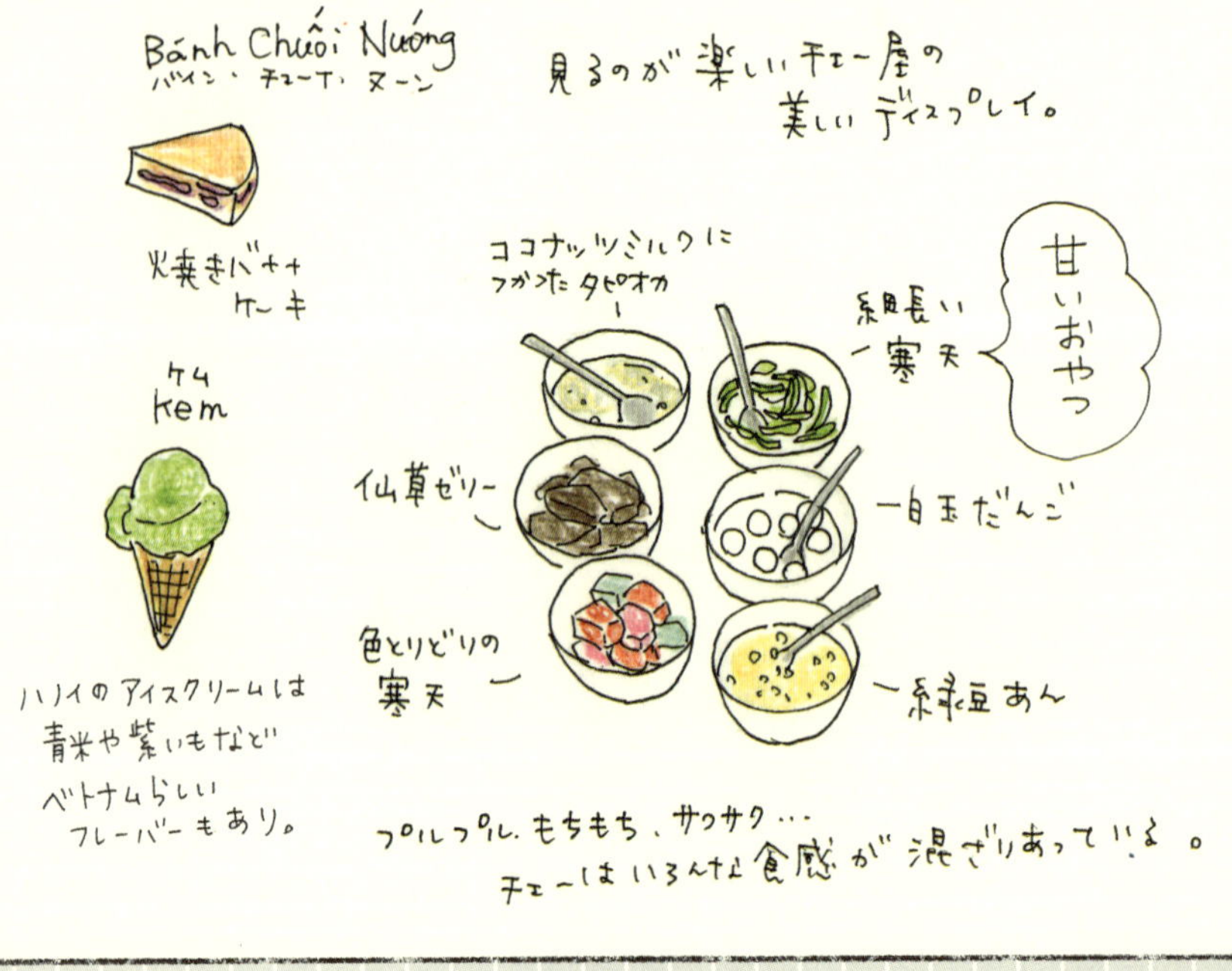
Bánh Chuối Nướng
バイン・チューイ・ヌーン
焼きバナナケーキ
見るのが楽しいチェー屋の美しいディスプレイ。
ココナッツミルクにつかったタピオカ
細長い寒天
甘いおやつ
仙草ゼリー
白玉だんご
色とりどりの寒天
緑豆あん
ケム
kem
ハノイのアイスクリームは青米や紫いもなどベトナムらしいフレーバーもあり。
プルプル、もちもち、サクサク…
チェーはいろんな食感が混ざりあっている。

られます。ひとつは、昔ながらの甘いおやつ。「Che（チェー）」とよばれるぜんざいのような甘味はその代表格で、街のいたるところで売られている風景に出くわします。市場の駄菓子売り場は、バナナやココナッツなどから作る焼き菓子、ピーナッツやごまのたっぷり入ったおせんべい、緑豆のらくがんや懐かしいウエハース、さまざまな砂糖漬けフルーツなどでにぎわいます。姿かたちは地味ですが、ひと口ほおばれば、まるでおばあちゃんの手作り菓子みたいな素朴でやさしい味わいばかり。乳製品をあまり含まないあっさりとした後味で、舌にもお腹にももたれません。また、フランスやアメリカから持ちこまれた甘味に、ベトナ

Bánh Flan《バイン・フラン》
プリンには クラッシュアイスを のせて食べる。
天びん棒の おばちゃんが 売りにくる。
Đậu Hũ《ダウ・フー》
おぼろ豆腐のような やわらか豆腐スイーツ。 しょうが風味のシロップを かけていただきます。
Thập Cẩm《タップ・カム》
と言うと、 おすすめの具を 全部入れ。 氷を別にもしてくれます。
蓮の実だけ。 などのシンプルな チェーもうまい。 ほっくり。

ム独自のアレンジが加わって市民権を得ているものもあります。練乳たっぷりのプリン、お米やドリアンフレーバーのアイスクリーム、アイスクリームの屋台ではフランスパンにはさんで練乳とピーナッツをかけてくれるところも。炭火焼きゴーフルは天びん屋台のスターだし、三日月形のコッペパンを「クロワッサン」とよんだり、皮もクリームもちょっぴりかためのシュークリームなどは、フランス仕込みベトナム育ちのスイーツです。

もうひとつは、甘くないしょっぱいおやつです。こちらは昼下がりあたりから、自転車や手押し車の屋台に揺られて登場します。私の大好物は、ホーチミンなど南部で定番のとうもろこし炒め。日本のスイートコーンとは違い、もちもちと粘りのあるとうもろこしを干しえびやねぎと炒め、

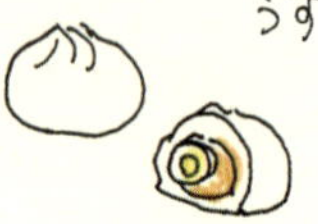

Bánh Bao《バイン バオ》は
ベトナム肉まん。
うずら卵入り！

屋台では
発泡スチロール
のテイクアウト
容器に
入れてくれる。
ミニミニスプーン
付き。
Bắp Xào《バッップ サオ》
ヌックマムとバター風味のとうもろこし炒め。
ベトナムのとうもろこしはもちもちした新食感。

ヌックマムやバターで味つけしたもの。そして、日本で人気の生春巻きも、実は料理ではなく立派な路上スナック。ほかにも、卵とじにした米粉餅、えび入り蒸しぎょうざ、魚のすりみ揚げなども毎日どこかしらで見かけるスナック的おやつです。かわって北部へ行けば、大きな揚げ餃子やうずら卵入りの肉まん、パテをはさんだ細長いミニフランスパンサンド、ゆでたタニシ、炒《い》り米をまぶした豚耳などが人気です。揚げた発酵ソーセージや、青パパイヤとビーフジャーキーのサラダなど、まるでビールでも飲みたくなるようなおやつは、夕方から専門店がずらりと出る通りもあるほど日常の食生活に根づいています。

お昼寝時間を終えたら、今日も楽しいおやつの時間の始まりです。

しょっぱいおやつ
ゴイ・クオン
Gỏi Cuốn
生春巻きはベトナムではおやつです。
甘いみそダレ
ハノイで流行中のミニフランスパンサンド。肉パテとチリソース入り。
バイン・ミー・ハイ・フォン
Bánh Mì Hải Phòng

モッ、ハイ、バー、ヨー！

灯りともし頃、気温は高いけれど涼しい風が吹いてくると、「モッ、ハイ、バー、ヨー！（一、二、三、カンパーイ！）」のかけ声を合図に、そこかしこで飲み屋がにぎわい始めます。街には気軽に入れる飲み屋がいたるところにあり、人気店ではテーブルといすが路上にまであふれ、みるみるうちに呑兵衛たちでいっぱいに。皆そろって、グラス片手においしそうなつまみを囲んでいます。アルコールだけを楽しむための酒場もありますが、どちらかといえばお酒と食事は切り離さず、両方をしっかり楽しむベトナム人。勇気がいるのは最初の一杯まで、旅人も少々の勇気をもって、彼らにまざってみましょう。

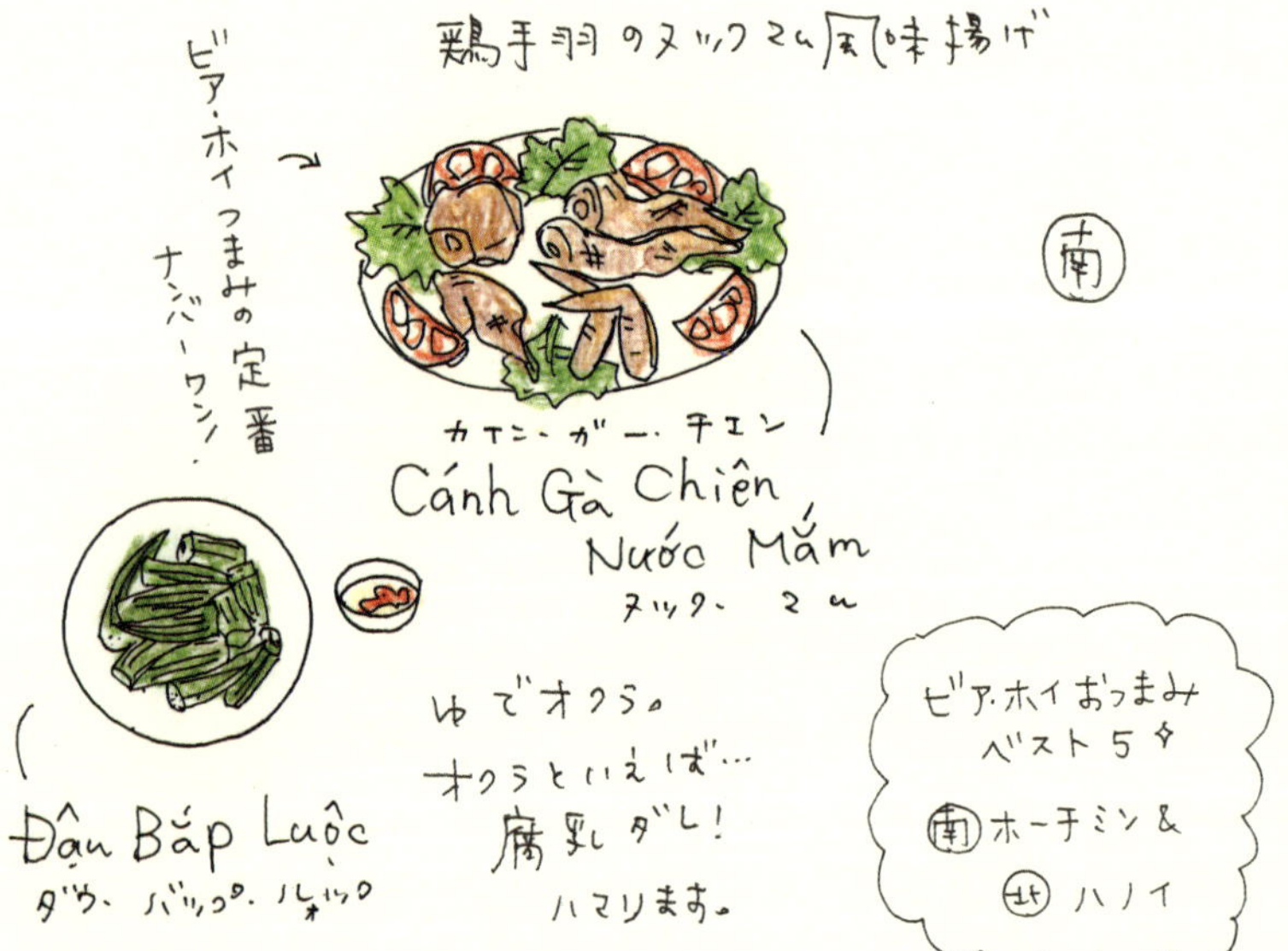
鶏手羽のヌックマム風味揚げ
ビア・ホイつまみの定番
ナンバーワン！
南
カイン・ガー・チエン
Cánh Gà Chiên
Nước Mắm
ヌック・マム
ゆでオクラ。
オクラといえば…
腐乳ダレ！
ハマります。
Đậu Bắp Luộc
ダウ・バップ・ルオック
ビア・ホイおつまみ
ベスト5☆
南 ホーチミン＆
北 ハノイ

ベトナムでいちばん目にするのは、「Bia Hoi（ビア・ホイ）」という看板を掲げた飲み屋です。ビア・ホイとは生ビールの意味。工場で作られたフレッシュなビールがタンクに詰められて店に直送され、そこからピッチャーなどに注がれて登場します。日本の生ビールとは違い、冷えていることは少なく、氷入りで飲むのが基本。質よりも量を重視した、昔ながらの大衆ビール処です。おつまみは充実したメニューからスペシャリテを選ぶもよし、路上席ならまわりを歩く物売りに声をかけるのも一興。ゆでピーナッツやうずら卵、焼きライスペーパー、「ネム・チュア」という発酵ソーセージなど、まるで駄菓子のようにキッチュなおつまみにわくわくできること請け

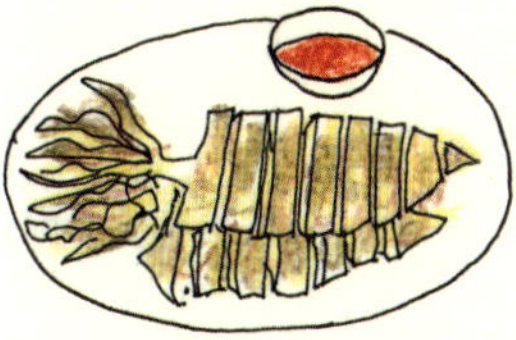
Mực Một Nắng Nướng
ムック・モッ・ナン・ヌーン
イカの一夜干し炙焼き。
ふっくらイカをかみしめる。

Nghêu Hấp Sả
ゲウ・ハップ・サー
あさりのレモングラス蒸し

揚げ豆腐の
レモングラス塩
のせ
Đậu Hũ Chiên Muối Sả
ダウ・フー・チエン・ムイ・サー

合いです。若者や外国人の集まる都会では、きりっと冷えた生ビールを出す大型ビアホールやビール専門バー、アイリッシュパブなども増えてきました。

ビア・ホイ以外でも、鍋専門店や焼き肉店、シーフード屋台など、いろいろな場所でお酒を楽しんでいる人の姿を目にします。なかでも最近、ハノイで新たな食ブームを巻き起こしているのが、「民族酒場」とよばれる居酒屋。ここでは少数民族の米酒や果実酒など、北部ならではの個性的地酒が味わえます。料理にもきちんと力を入れているところが多く、「地鶏の竹筒焼き」「豚肉のハーブ蒸し」「山岳野菜の炒めもの」など、素朴でワイルドな田舎料理がずらり。南部では見かけない珍しい食材に心躍りま

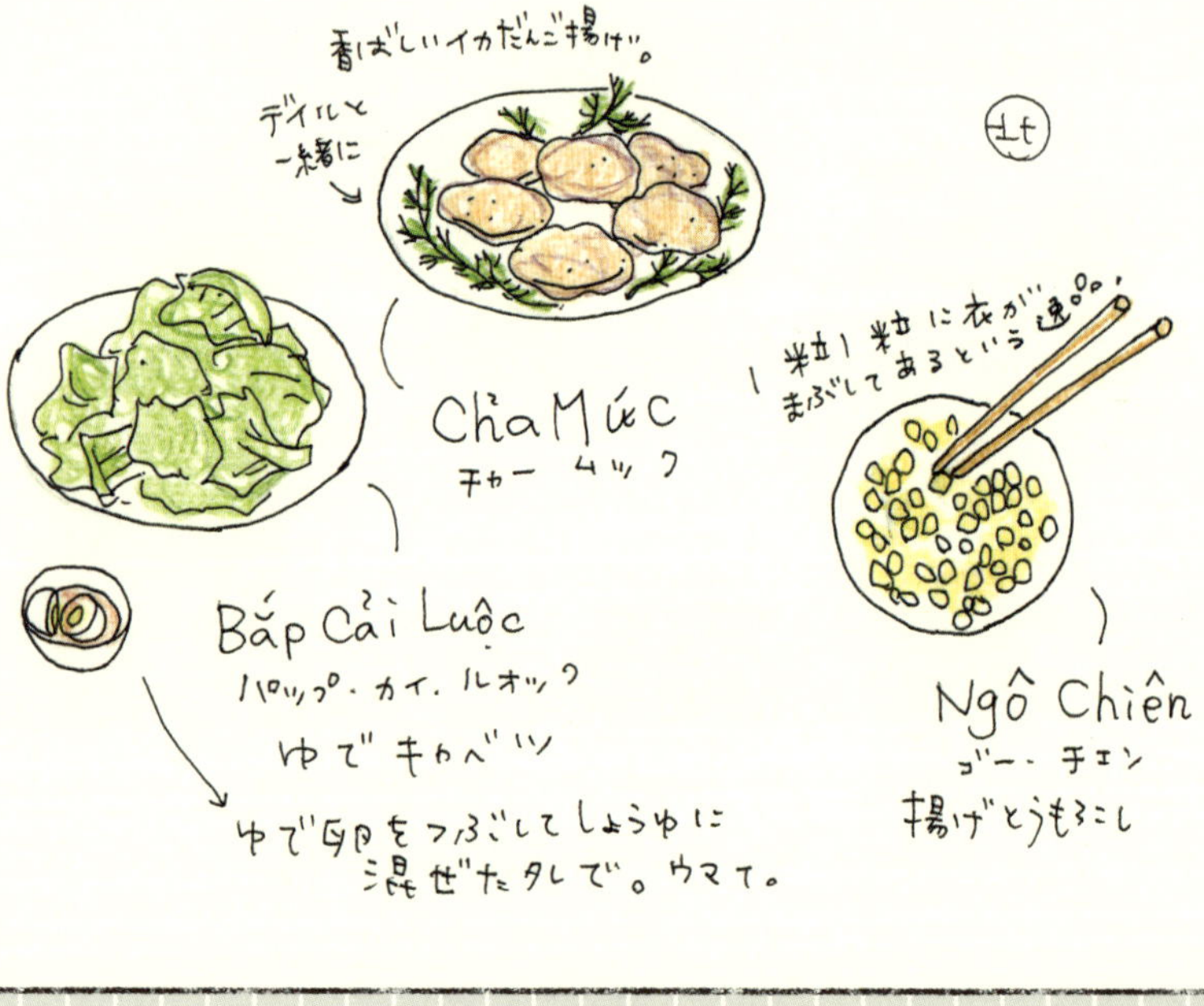
香ばしいイカだんご揚げ。
ディルと一緒に
北
Chả Mực
チャー ムック
1粒1粒に衣がまぶしてあるという逸品
Bắp Cải Luộc
バップ・カイ・ルオック
ゆでキャベツ
ゆで卵をつぶしてしょうゆに混ぜたタレで。ウマイ。
Ngô Chiên
ゴー・チェン
揚げとうもろこし

す。伝統的な座敷スタイルが多く、床に座って地酒片手に舌鼓。どことなく日本の居酒屋を思い出し、しみじみと飲める寛ぎの酒場です。

夜更けて、まだまだ飲み足りない、という酒豪は路上酒場へ。裸電球の下にゴザを敷いたり、プラスチックいすを並べただけの空間に、なんとも気の抜けた即席酒場がオープンします。こちらは瓶ビールやベトナムウォッカ、ウィスキーなどが主流。おつまみもサクッと盛って食べられるものばかりで、ピーナッツやスルメ、カットしただけのきゅうりや青マンゴーなど、オヤジ系おつまみが楽しめます。

塩こしょうレモンにわさびイリ
Chân Giò Muối
チャン・ジォー・ムーイ
豚足の塩漬け
ハノイでいちばん好きなつまみ。
ピクルス付き！
さらに…わさびオイスターソースという不思議ダレ付
Nem Cá
ネム・カー
フィッシュフライとディルをライスペーパーでくるりと巻いたもの。
マヨネーズが新しい味。
モッ ハイ バー 1、2、3、Dzô! ヨー
ベトナムのつきだしピーナッツはあなどれないおいしさ。

ビニールテープで編まれたカラフルなかごは、とにかく丈夫で荷物がたっぷり入るので、日本でも大活躍。私は帰りの飛行機で、食器などの機内持ちこみ用にも重宝しています。わら編みのミニかごは、たまねぎやじゃがいも入れにちょうどいい。買い物すると、商品をこれに入れてくれる店もあります。

ソンベ焼き

あたたかみのある手描き模様の陶器。ベトナム南部の庶民的な食器で、最近ではだんだん絵柄の種類が減ってきました。市場の古い商店の片隅あたりで、掘り出し物に出会うと興奮してしまう。

レトロな花柄ノート

ハノイの旧市街、ハン・カン通りは文房具通り。チープな筆記用具など、文具好きにはたまらないアイテムが多いなか、小花柄の布張りノートはおすすめの一品。赤、緑、青の三色展開です。

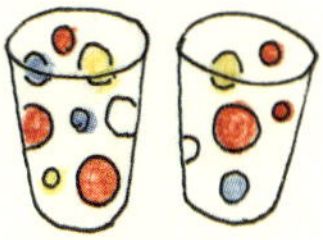

水玉グラス

現地のカフェでよく見かける、水玉模様がポップでかわいいグラス。プリントがかすれていたりするのはご愛嬌。ホーチミンのビン・タイ市場、ハノイのガム・カウ市場などでリーズナブルに買うことができます。

ホーロー食器

ハノイの近く、ハイフォンという街で作られているホーロー食器。レトロで華やかな模様が人気です。旧市街にある「Nhom Hai Phong(ニョム・ハイ・フォン)」は、食器以外にも鍋やお盆などの品揃えがピカイチ。

布マスク

埃と排気ガスから守ってくれる、ベトナム女子の必須アイテム。ギンガムチェックからキャラものまで、柄やサイズが豊富。まとめ買いしてお土産にも好適。

えびせん

油で揚げるとふくらんで、サクサクのえびせんべいに。商品によって味や食感がさまざまあり、個人的には「Sa Giang」というメーカーのものが好きで贔屓にしています。

ライスペーパー

日本で売られているものより薄くてもどしやすく、枚数もたっぷり入ってお得。私も料理教室用に買いだめします。

緑豆のらくがん

口の中でほろっとくずれる緑豆菓子で、コーヒーや日本茶のお茶うけにぴったり。もともとは北部発祥の名菓ですが、ハノイだけでなく、全国のスーパーや市場で売られています。

パクチーウエハース

パクチーの葉が押し花のようにはさまれたウエハース。パリッと軽やか、中に包まれているピーナッツクリームも美味で、垢抜けないベトナム菓子が多いなか、お気に入りの一品。南部で親しまれているスイーツです。

3

ひと足伸ばして

想像力の届かない場所

知らない街を旅するとき、私はできるだけ想像力を働かせ、その土地への期待をふくらませることにしています。濃い霧と強い日差しに交互に包まれる山々、絵画みたいに美しい棚田、華やかな原色の衣装を着た山岳少数民族が歩く村。市場には野性的な食材が積まれ、山の料理はちょっと味気なくても素朴でやさしい印象に違いない。肌寒い朝には熱いコーヒーをたっぷり飲もう、冷えこむ夜には湯気が立ちのぼる鍋料理がピッタリやろうなぁ……と、サパへ向かう道中、寝台列車の狭いベッドで自分勝手にあれこれ妄想していたら、現地にはそのとおりの風景がありました。

でも、旅先で本当に心を動かされる味や景色には、いつも自分の想像力が及ばなかったところで出会います。

サパは中国との国境にほど近い、標高一六〇〇メートルに拓《ひら》けた山の街。私が訪れたのは、稲刈りが始まる初秋の頃でした。高速道路が開通して、ハノイからは五時間ほどで行けるようになったとはいえ、排気ガスにまみれた都会から雄大な自然へいっぺんに移動してしまっては、あまりにも旅情を感じられない。それに、速いことはいろいろ便利なんだろうけれど、のろのろした私の想像力はきっとついていかないから、夜行列車で九時間かけて行くくらいがちょうどいい。

朝の五時、まだ薄暗いラオカイ駅前のバスターミナルでは、おじさんがお茶と水たばこを並べて路上茶店を開いていました。駅からサパまでは乗り合いバスでさらに一時間。バスはお客が集まったら出発なので、待つ間にぼんやりとお茶をすすることにしました。昔ながらの保温器から出てくる熱いお茶は、コップ一杯五〇〇〇ドン（約二十五円）。列車のかたい寝床でくたびれた体に、苦みと甘みがびっくりするくらい染みこんでいき、寝ぼけた頭がみるみる覚醒していくのを感じました。この北部独特の濃い緑茶を、お茶のエスプレッソ、と友人が命名。

最終日、友人のバイクに乗せてもらって山道を走っている途中にも、小さなお茶屋に寄りました。掘っ立て小屋みたいな粗末な屋根の下で、お姉さんがのんびりと炭を熾《お》こし、やかんを温めたり竹筒を焼いたりしていています。冷たい風にあたりっぱなしだったので、お猪口《ちょこ》みたいに小さなカップで、ほんのり甘い漢方茶をいただきました。気になる竹筒の中身はもち米で、筒の中ですでに蒸してあるらしく、たのむと大きな包丁で竹を割ってとり出し、炭火でこんがりと炙って出してくれました。まるで日本の焼きおにぎりのようで、ピーナッツとごまが混ざった塩につけて食べると、どこか親しみのある懐かしい味わい。眼下には棚田がうねうねと曲線を描いて広がり、視界三六〇度が緑色のグラデーション。これから行く道の先は霧に埋もれてしまっていて、まるで空に続いているみたい。サパスカイラインだね、と隣で友人がまたうまいことを言いました。

時間つぶしに飲んだお茶、移動中に通った知らない道。強く感動する味や景色は、サパでもやっぱり自分が想像していなかった場所にあらわれた。今ここで旅をしていてよかったなぁと思う瞬間です。それでふと、今までの旅を思い返してみて、そういう場所にはだいたい情報の少ない田舎のほうで遭遇していることに気がついたのです。

メコンデルタ食紀行

メコン川がつくり出した大きな三角洲、メコンデルタの入り口にミトーという街があります。ミトーへの観光ツアーは、気軽に日帰りで行けることもあって、ホーチミンを初めて訪れた旅行者にとても人気があります。ホーチミンからミトーへは車で二時間ほど。車を降りたらモーター船に乗り換えて雄大なメコン川へすべり出し、さらに手漕ぎの小さな舟に乗り継いで、水椰子《みずやし》が密生する間をのんびりとジャングルクルーズが始まります。

このツアーにはいくつかお決まりのアクティビティがあります。まずは、ココナッツキャンディ工場の見学。フレッシュなココナッツミルクに砂糖を加えて煮つめ、型でかためて小さなキャンディに切り分けるまで、すべて手作業で行われる様子を見ることができます。ランチには、地の魚を使った名物料理が登場。「象耳魚（エレファントイヤーフィッシュ）」という名前のとおり大きく平べったい魚を、ウロコごとじっくりと揚げて丸のまま豪快に盛りつけた一品です。パリパリに揚がった皮の中には、意外なほどふんわりとやわらかく淡泊な白身。ほぐした身は野菜やハーブと一緒にライスペーパーで巻いて食べます。午後は南国フルーツがたわわに実る果樹園を訪ねたり、養蜂農園に立ち寄ってはちみつ入り緑茶で休憩したり、ハンモックでのお昼寝だってついてくる。短い時間に盛りだくさんの定番ツアーですが、ベトナムらしい自然の中でさまざまな食風景を垣間見ることができる、なかなかおすすめの体験です。

ところで、ミトーが本場の麺料理「フー・ティウ」は、私の好きなベトナム料理のひとつ。おなじみフォーがベトナム北部発祥のご当地麺であるならば、南にはフー・ティウあり。もともとはカンボジアから伝えられたとされ、メコンデルタの肥沃《ひよく》な土壌に育まれた米を原料とするフー・ティウは、ホーチミンをはじめ南部各地の街で食べることができます。私がこの麺に惚れた理由は、フォーにはない心地よいコシと複雑な風味のスープ。足繁く通うのは、ホーチミンで地元の人たちが集う専門店です。こざっぱりしたフードコートのような店で、ベトナムでは珍しい二十四時間営業。フー・ティウは「汁」と「汁なし」から選べ、どちらも豚肉、レバー、えび、ハーブや揚げねぎなどの具がたっぷり。別皿に春菊やニラ、もやしなどの生野菜が添えられてくるので、さらに好みにちぎり入れて食べます。スープは豚骨、スルメや干しえび、大根やたまねぎなどの野菜からとり、砂糖をたっぷりと加えて南部らしい濃厚な味つけにしあげます。豚肉のダシと脂を甘いスープがどっかりと受け止め、遠くのほうで香る魚介がなんともいえぬ奥行を出す。汁なしには甘辛いタレがついてくるので、それをかけて混ぜながら食べる。スープも小さなお椀によそって別に出してくれるので、こちらはかけずにそのまま飲みます。

以前、メコンデルタをツアーではなく個人で旅したとき、フー・ティウの製麺工場を見学させてもらうことになりました。私が見に行ったときは、大き

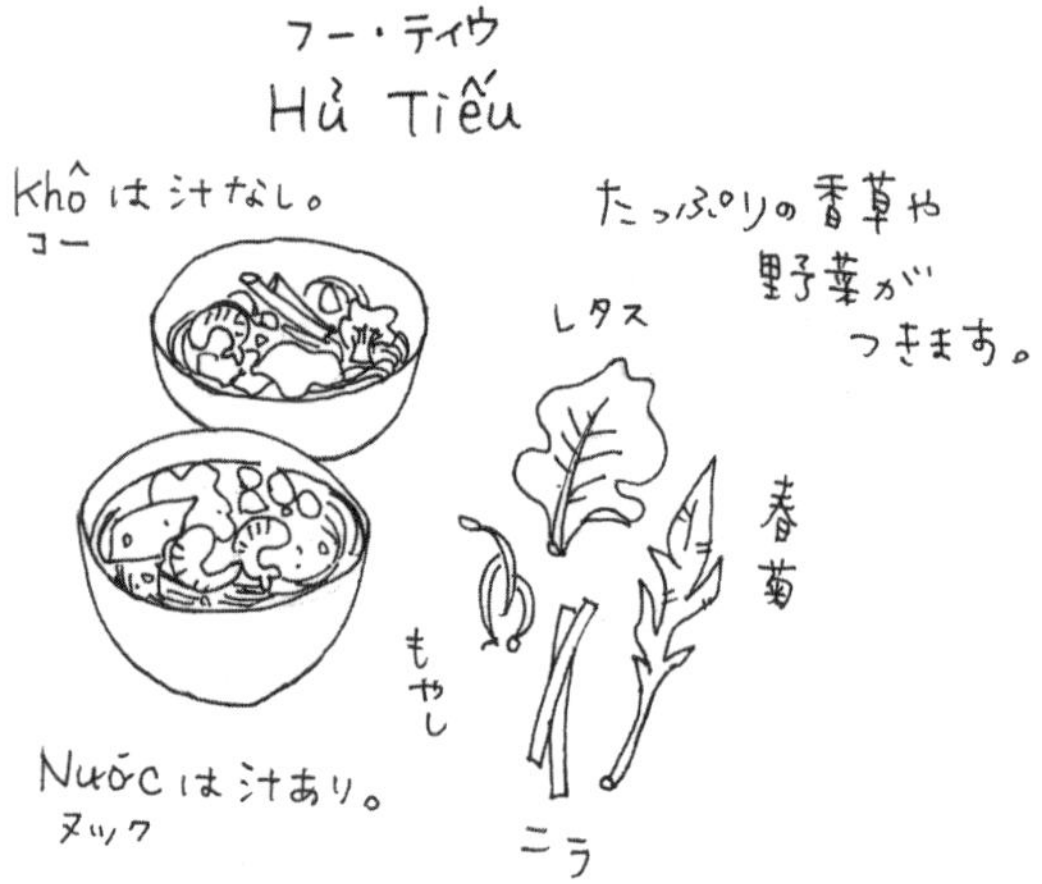

フー・ティウ
Hủ Tiếu
Khô は汁なし。
コー
たっぷりの香草や野菜がつきます。
レタス
春菊
もやし
ニラ
Nước は汁あり。
ヌック

な釜にピンと張った布の上で生地を蒸す作業の真っ最中。生地は、浸水させてつぶした米の粉に水を加えて作ります。まるで大きなライスクレープのような生地に火が通ったら、今度はその生地を職人技で手早くすくいあげ、竹で編んだ台の上に並べていきます。天日に干して半乾燥させ、機械で細く裁断したらできあがり。フォーとほとんど同じ作り方ですが、最後に半分ほど乾燥させるという繊細な工程がフー・ティウならではで、その結果やわらかくしなるような独特のコシが生まれるのです。

汗だくの作業がひととおり終わった昼下がり、今夜は鍋を作るから一緒にどうぞと、製麺所の家族の晩ごはんに招かれました。日が暮れる頃にまた出かけていくと、男の人たちはすでに地酒をすすってご機嫌です。お母さんと子供たちは、大きな鍋で豚肉のかたまりやタロイモを煮ながら、山盛りの青菜をちぎっている。やあやあどうぞといただいた鍋は、ココナッツジュースで煮こんでいるからでしょうか、かじった肉からもほんのりやさしい甘みがした。青菜はしゃぶしゃぶのようにスープにくぐらせ、腐乳と唐辛子を混ぜたタレにつけて食べました。ココナッツも豚も青菜も、この家のまわりで調達されたもの。地のものでもてなすというベトナムらしい食文化を、再び体験することができた貴重なひととき でした。

椰子の木が生い茂るメコンの川べり、ポポポポポポ……という船のモーター音、眠たくなるほどに広大な景色。砂糖やココナッツが欠かせない台所や、初対面の人たちとかこむ一期一会の食卓。定期的に旅をしているこの国で、私はそういうことにだんだん慣れて鈍感になって、自分が今ベトナムにいることを忘れてしまいそうになるときがあります。でも、旅はいつもタイミングの連続だから、体も頭も総動員させて記憶しなければいけない場面がいくつもある。それはたぶん、観光ツアーだろうが個人旅行だろうが同じこと。メコンデルタを思い出すとき、たゆたうミルクティ色の川の上でなめた甘ったるいココナッツキャンディと、製麺所でごちそうになった武骨でやさしい鍋の味が、私の舌にはセットになって蘇ります。

水上マーケットの朝、アヒル粥の夜

空が薄い紫色に染まり始める頃、メコン川にはすでに強い日差しのきざし。船着場からボートに乗って川の支流をしばらく行くと、そこは有名な水上マーケット、川の上を行き交う大小の舟が見えてきます。メコンデルタの水上マーケットはいくつかあり、カントーから南へ七キロほどの街、カイランの水上マーケットは最大規模で有名です。さらに足を伸ばせば、フォンディエンの水上マーケット。水上マーケットの見学は早朝出発となるため、カントーへはホーチミンから日帰りすることはできませんが、大都会の喧噪にくたびれてきたら、頭と心をゆるりと解くにはうってつけの街です。

水上マーケットがにぎわうのは、午前六時から八時頃。大型の船は卸売船で、パイナップルやすいかなどの果物から、たまねぎやにんじん、白菜やかぼちゃなどの野菜を主に売っています。船上から伸びる長い竹ざおに、取り扱っている商品を吊るして看板代わりにしているのが特徴で、ぶらぶらと揺れるパイナップルや白菜の旗はなんとも愛嬌があります。手漕ぎボートのほうは、日用品や軽食を売る水上商店です。ボート同士がくっつき合って、値段交渉や物々交換。観光客目当てのお食事処では、フー・ティウやお粥、バイン・ミー、コーヒーなどを、狭いスペースにもかかわらず手慣れた様子で調理してくれます。商店も飲食店も雑貨屋も、さまざまな機能が陸と変わらずに水上で事足りていて、観光スポットでありながらも自然体の市場。コンロ付きの小舟で近づいてきたおばちゃんが、ニカッと笑って丼を持ちあげたら、私たちの舟も朝食タイム。食後に甘いアイスミルクコーヒーをすすりながら、のんびりと川の涼風に吹かれても、時計はまだ七時を過ぎたあたりです。

水上マーケットで目にするのは、活気ある市場の風景だけではありません。網の目のように広がる水路では、水辺に居を構える人々の生活を垣間

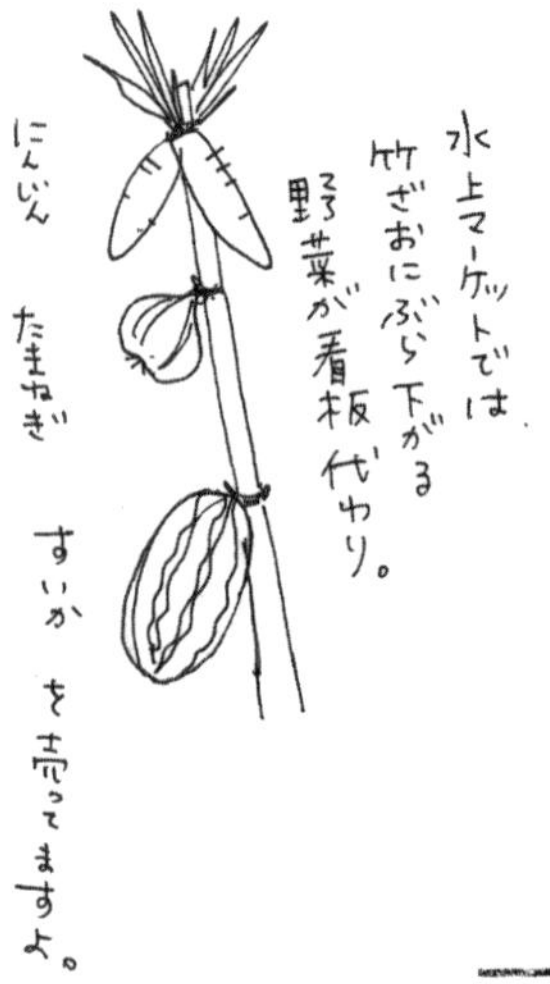
水上マーケットでは
竹ざおにぶら下がる
野菜が看板代わり。
にんじん
たまねぎ
すいか を売ってますよ。

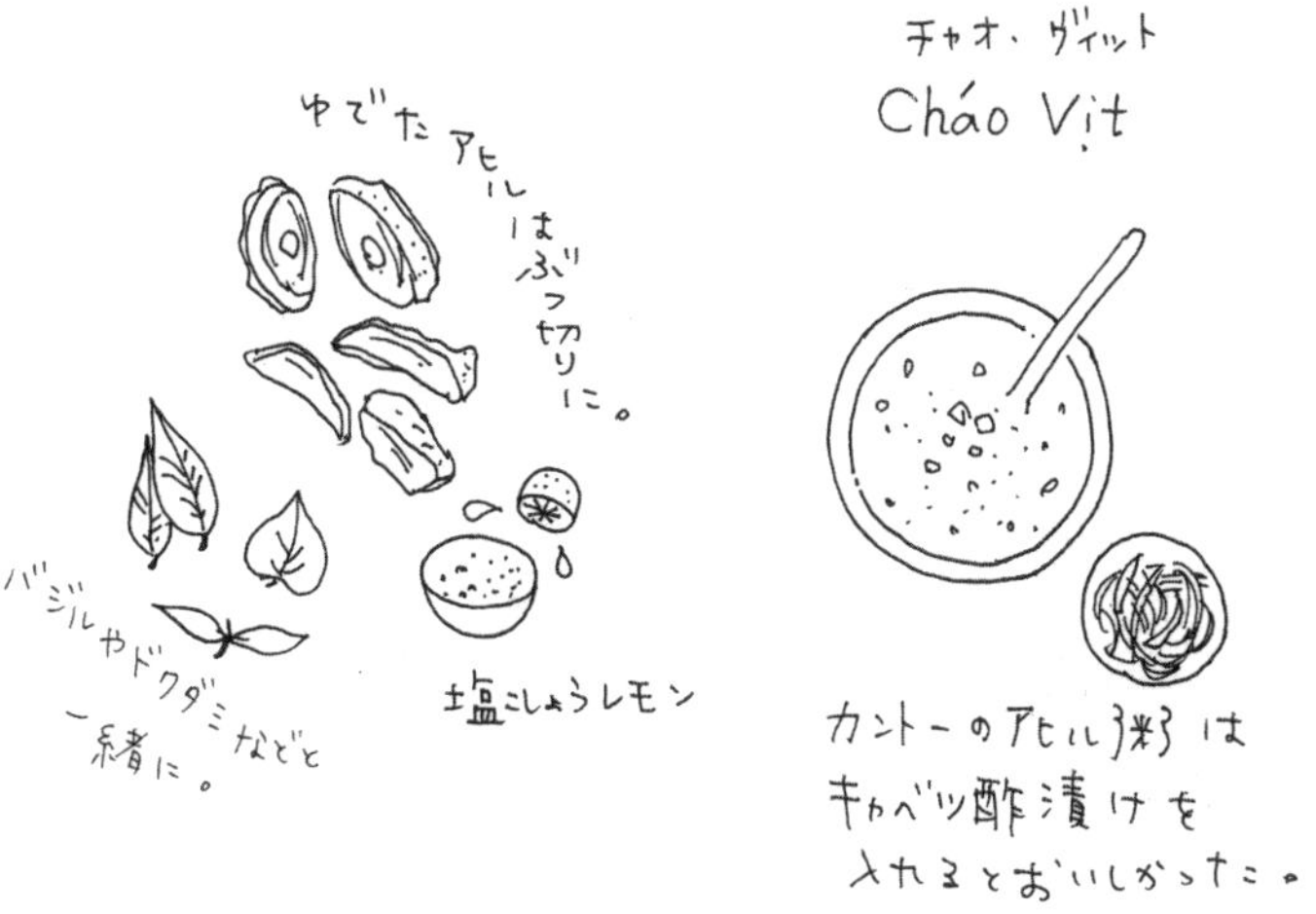
チャオ・ヴィット
Cháo Vịt
ゆでたアヒルはぶつ切りに。
バジルやドクダミなどと一緒に。
塩こしょうレモン
カントーのアヒル粥はキャベツ酢漬けを入れるとおいしかった。

見ることができます。川の両岸にびっしりと並び建つ高床式の家々や、家族全員で生活しながら移動している船の家。ときおり川の真ん中にぷかぷかと浮いているのは、舟のためのガソリンスタンドです。舳先《へさき》に吊るされた色とりどりの洗濯もの、川の水で歯磨きしているおじさん、甲板に寝そべって揺られている犬。レースのカーテン越しにはお母さんがごはんを作り、小さな子供に食べさせている日常。トタンをつぎはぎしたような簡易住宅でも、その中では確かに人々の生活が営まれていて、メコンデルタという雄大な自然にしっかりと溶けこんでいるのでした。

そういえば、カントーでは愉快な食卓をかこんだことがありました。

カントーのアヒル粥は隠れた逸品。街に詳しい友人がそう教えてくれたので、着いてさっそく、宿のスタッフに店の情報を教えてほしいとお願いしました。ガイドブックを頼りにしない旅では、地元のことは地元の人に聞くのがいちばん。それならまかせろと宿主の一声、その夜は期せずしてアヒル粥宴会と相成りました。

宴《うたげ》の料理は、ひたすらアヒル。一頭買いならぬ一羽買いで、羽根をむしったアヒルが丸ごと豪快にゆでられるところから幕が開きます。まずは、ゆでた肉を骨付きのままぶつ切りにして、バジルやドクダミなどたっぷりの香草が添えられた一皿。塩とこしょうにレモンをしぼった爽やかなタレにつけていただきます。引き締まったアヒル肉はしっとりとジューシーで、まるでジビエのような味わい。続けてゆでた砂肝と、アヒルの血をかためたプリンのようなものが出てきました。これらは丸ごとの肉を食べることで付いてくるおまけですが、なんとも酒の肴にぴったりです。そして最後の締めに、アヒル肉のゆで汁で炊いたお粥が登場。粘り気のないベトナム米を生から炊いているため、グツグツ煮込まれてもサラッと軽く、米の芯まで地鳥の旨みがしみて力強い味がします。卓上で千切りキャベツを入れるのは、メコンデルタ風のお粥の食べ方。肉責めで熱くなった胃袋に、スーッと清涼感が差し込みます。それにしても、メコンデルタの人々の豪快で豊かな飲みっぷりには驚きました。ビールに始まって甘いバナナの酒、飲み慣れないベトナムウィスキー。その場にいる全員、もう今が楽しければいいなぁと笑いながら杯を重ね、気がつけばウィスキーの空き瓶がゴロゴロと転がってました。

日本へもどってきて同じ味を作ろうと思っても、どうやっても再現できない旅先の味というのがあります。カントーのアヒル粥は、まさにそんな料理のひとつ。たくさんある宿からそこを選んだ偶然、宿の人たちと飲むことになった偶然、そして旅人に地元のうまいものを食べさせてやろうというカントー人の心意気。あのアヒル粥は、いろんな偶然が重なってできあがった奇跡の一皿だったなぁと、今、私はこれを書きながら思い出しているのです。

ムオン族の丸盆ごはん

京都でベトナム料理教室を開いて九年が経《た》ちました。料理講師という肩書きがいまだこそばゆく、料理研究家というのは全然しっくりこない。教えるというよりはお裾分けする、研究していますというにはあまりにも好奇心のままがすぎる。我ながら自分勝手な仕事と呆《あき》れつつも、私が吸収してきたベトナム料理の情報全部を、蚤《のみ》の市の露店みたいにドサッと広げて、手にとった誰かにうまく使ったり磨いたりしてもらいたいと思う。料理という作業は惜しみなく遠慮なく自分勝手で、でもそこにひと握りの想像と発見があってこそ楽しい。だから、ときにはきちんと再現できない料理があってもいい。どうやったら日本で同じ味を再現できるかよりも、あれこれ想像をふくらませながら作ってみてほしいと思うことがあります。「ベトナムという国にはまだ知らないおいしさがあるんだ」とワクワクするきっかけを、私がほんの少し提供できればと願う。

ハノイから車で数時間離れた山あいに、ホアビンという省があります。少数民族の方々が暮らす村が点在し、わずかな時間ながらものんびりした田舎生活を体験できるので、ハノイから日帰りや一泊二日で行くツアーが人気です。そのホアビンを旅したとき、ムオン族の家族に昼食をごちそうになりました。その日の献立はまず、香りよい葉っぱで包んで焼く肉だんご。これは台所を見せてもらいながら、家のお母さんと一緒に作りました。しゃがんで野菜を切るような昔ながらの台所で、肉だんごは炭火で焼くのかと思いきや、最近はガスコンロもしっかり活躍しているんだと説明してくれる。そのほかに地鶏のレモンリーフ蒸し、ハーブをたっぷり添えた焼き豚、干したけのことホルモンの炒めもの、野草入り卵焼き、ゆでた空心菜、青菜のスープ、赤いおこわと白いおこわ。大きな丸いお盆にのせられたそれらを真ん中に、みんなで車座になって箸をのばす。食後にはマンゴーとバナナ、お猪口みたいなカップで飲むあたたかいお茶。

村には昔ながらの高床式家屋が建ち、まわりは稲穂が揺れる田んぼと、トマトやとうもろこしやサトウキビがすくすくと育つ畑。道端にはハーブやサトイモが葉を広げ、床下の日陰では鶏が元気にかけまわっていました。村の中で生産した食物を村の中で消費する。その風景は、日本で謳われるスローライフとも地産地消とも少し違う、ささやかながらも確固たる日常生活です。レストランで出会う料理の華やかさや、路上屋台で見つかるような新鮮な驚きはないけれど、その昼食は誰かが誰かのためにきちんと作った味がする、とびきりのごちそうでした。食べ終わって扇風機の心地よい風に吹かれながら、猫と一緒にゴザに寝転んでしばしゴロゴロ。首のつけ根あたりで凝り固まっていた疲れが、ゆるやかに溶けていくのを感じました。

夏、我が家の台所が蒸し暑くなってくる頃、私はホアビンで浴びた強い日差しを思い出すことがあります。丸盆にのった数々のおかずを思い出すと、うずうずしてきて料理を作りたくなる。あの、塩味だけでしあげる素朴な焼き豚は、添えられたハーブの香りで肉の力強い風味がぐっと引き立っていたな。あれは市場でも見たことがないハーブだったけれど、なんという葉っぱなんだろう。そういえば道のあちこちに生えているのを、ガイドさんが見つけるたびに丁寧に教えてくれた。散歩するにはあまりにも暑く、帽子を目深にかぶって首には手ぬぐいを巻き、ゆっくりゆっくり這うように村を歩いた。クーラーのない家では、開けっ放しの窓から吹き抜ける風にほてった肌をさらすのが気持ちよかった。バナナの香りがする米焼酎は強すぎたけれど、村のおじさんたちはみんな、あれで晩酌するのを楽しみに毎日働いているのかもしれない。

そんなことを次々と想像しながら、近所の商店街で買ってきた豚肉に塩と黒こしょうとヌックマムをすりこみ、フライパンでこんがりと焼いて、ちぎったレタスや青じそと一緒にごはんにのせる。太陽が反射して輝いていた棚田の風景、畑のあぜ道でかいだ青っぽい草の匂い、池で魚がピシャリとはねた音、のんびりとうちわを扇ぐおばあちゃんの丸まった背中。それら全部を調味料と一緒に豚肉にすりこんだから、目の前の一皿はちゃんとホアビンの味になっている。ここ、日本の京都にある台所では、ときおりそうやって自分勝手なベトナム料理ができあがり、誰かに食べてもらうというわけでもなく私だけの胃袋におさまってゆくのでした。

ムオン族の丸盆ごはん
たけのこ炒め
スペアリブのグリル
葉っぱ包み肉だんご
蒸し鶏
ゆで空心菜
青菜スープ

ベトナムの車窓から

『世界の車窓から』というテレビ番組で、三か月ほどベトナムの鉄道を放送していた時期があります。ほとんど欠かさず録画をして、たった五分ほどの番組をずっと楽しみに見ていました。ベトナムの列車路線は少なく、ホーチミンからニャチャン、ダナン、フエなどの中部を通過してハノイまで一本で結ぶ統一鉄道と、あとはハノイ近郊を走る支線に限られます。速さはなく時間がかかるので、旅行のときは飛行機のほうがなにかと便利なのですが、鉄道にはやはり鉄道のよさがある。それで旅情を誘われたのでしょうか。私が最後に統一鉄道に乗ったのはもうずいぶん前のこと、ひさしぶりに列車の旅をしてみたくなりました。

二〇一三年の夏、ハノイのロンビエン駅からハイフォンへ向かう列車に乗りました。長距離を走る夜行とはちがって、片道二時間半ほどの小旅行です。「切符は絶対に先に買っておいたほうがいい」とハノイに住む友人に言われたので、前の日に駅まで行って、閑散とした窓口で人数分の切符を買いました。私たちのほかには誰も見当たらず、こんなにひっそりと静かな駅なのに、別に乗る前で大丈夫だったんじゃないだろうか。翌日、発車する十五分ほど前に駅に着いて驚きました。プラットホームはおろか、改札口も待合室も人であふれかえっていて、まるで駅舎の窓から人がこぼれ落ちそうな大混雑です。切符売り場には長蛇の列ができ、昨日は眠そうにしていた窓口のお姉さんたちも、次から次へとせっせとお客をさばいてゆきます。列車はすべて指定席のようだけれど、ホームのどこに何番の車両が停まるのかという案内は書かれていないし、駅員さんになにか聞こうと思っても、乗客たちの波にのまれてそれどころではありません。列車が到着してから、炎天下のホームを汗を拭きながら歩きまわって、なんとか切符に書かれている数字の車両へ乗りこみました。

車内はもちろん満席でした。私たちのほかはほとんどがベトナム人で、出張や帰省の人たち、車内のほうぼうへ散らばって座っている大家族もいれば、窓の外をのんびり眺めている呑気そうなおじさんや、座席番号が読めなくて不安げにうろうろしているおばあちゃんもいる。近くにいた学生さんがおばあちゃんの切符を手にとって、何度も何度もゆっくり番号を教えてあげる。全然面倒くさそうな顔をせず、あたりまえのようにそうしている。友人たちと私は通路をはさんで隣同士、反対側のお隣は娘さんと乗ってきたおばさんで、携帯電話でずっと誰かと話しこんでいます。この列車の座席配置は少し斬新。車両の中央の天井から二台のテレビが背中合わせになって吊り下がっていて、まるでそれを見上げなさいといわんばかりに、車両の前方と後方が向かいあうような形になり、皆が真ん中を向いて座っているのです。いすはちゃんとリクライニングシートで、なかなか快適。車掌さんが全員の着席をぐるりと確認したところで、列車はほぼ定刻どおりに動き出しました。

ハノイの市街を抜けると、あたりはだんだんのどかな田園風景になっていき、ところどころに池や民家や牛が見えました。テレビから流れるベトナム歌謡を聞いているうちに、私はうとうと眠ってしまったらしい。目を覚ますといくつ目かの駅で、ぞろぞろと乗り降りする人たちにまざって、車内販売がまわってきました。ペットボトルのジュースやお茶、

丸いお餅に
四角いハム。
塩こしょうを
つけて
いただきます。
Bánh Dầy
バイン・ザイ

スナック菓子やチューインガム、お土産の菓子折りや、子供用のおもちゃでしょうか、音が出る風車のようなものも売っています。隣のおばさんが声をかけ、キャンディと葉っぱに包まれたお菓子のようなものを買いました。興味津々で見ていると、「お餅よ」と葉っぱを開けて教えてくれました。丸餅のあいだに四角いハムがはさんであって、塩こしょうをつけて食べるおやつです。私がスケッチしていたらおかしそうにのぞきこみ、ベトナム語の名前を書き添えてくれました。それから前にいた娘さんと分け合って食べ、私にはキャンディをお裾分けしてくれる。「飴ちゃんくれるなんて、大阪のおばちゃんみたいやなぁ」と思わず関西弁でつっこんでしまった私。

ハイフォンで一泊し、帰りは飛行機でホーチミンまで行く友人たちと別れ、私はひとりでまた列車に乗りました。相変わらず旅行者は少なく、席を埋めているのは地元の人たちばかりです。ペットボトルの水を飲みながらぼんやり窓の景色を見ていたら、ふいに隣から肩をたたかれました。きれいにお化粧をしたお母さんがにっこりと、ビニールにくるまれた黄色いかたまりを差し出します。隣にいるだんなさんや子供たち、後ろの席の人にもあげている。今度は蒸《ふか》したとうもろこしのお相伴にあずかったのでした。とうもろこしの甘い匂いを車窓から漂わせ、ときどきピーッと汽笛をあげながら、ゆっくりと一路ハノイを目指す。ここベトナムでは、どうも電車というよりかは、列車という言葉がしっくりくるような気がしてなりません。

宮廷料理のあとさき

かつて都をおいた中部の街、フエ。水と緑にかこまれたフエには、歴史ロマンに想いを馳せる旅人たちが絶えません。街はフォーン川をはさみ、旧市街と新市街にわかれます。美しく装飾された帝廟や、境内から川を見渡せる寺院など、フォーン川沿いには古い建造物が点在します。川の北側は旧市街で、ベトナム最後の王朝だった阮《グエン》朝の王宮が悠然と構え、フラッグタワーには金星紅旗がはためきます。一方、川より南は新市街。高層ビルはなく、遊歩道がゆったりと舗装され、自転車に乗ったアオザイ女学生が街並みに映えるのは、いかにものんびりしたフエらしい光景です。

フエ料理店のメニューは、たとえばこんなふうです。

「鳳凰の前菜」、豚肉のパテと飾り切りした野菜で、おめでたい動物である鳳凰をかたどったもの。スターターにふさわしいあっさりした味わい。つづいて「宮廷揚げ春巻き」。揚げ春巻き自体はどこでも食べられる料理ですが、フエ名物はレース状ライスペーパーで巻いたクリスピーな食感で、パイナップルのランタンに美しく盛られたよそゆき仕様。

「バイン・コアイ」は米粉の黄色い厚焼き。ほんのりとターメリックが香り、豚肉やえび、もやし入りの小さなバイン・セオです。添えられた生野菜やハーブと混ぜ合わせ、ピーナッツ風味のみそダレにつけて。「ネム・ルイ」は串焼き、豚つくねと野菜をライスペーパーで巻いて、同じく濃厚なピーナッツみそダレで食べます。「蓮の実ごはん」はフエ式炊きこみごはん。米に蓮の実のゆで汁で風味をつけて炊き、蓮の実、鶏肉、

鳳凰の前菜
薄焼き卵とパテ
きくらげとにんじんといんげん
で
できている。
くちばしは唐辛子。

花や花びらも飾りに。
蓮の実ごはん
蓮の葉の良い香りが
ふわーっと。

えび、カラフルな野菜入り。しあげに蓮の葉っぱで包んで蒸し、卓上で葉を切り開いてとり分けます。

フエの宮廷茶は薬効があり、緑茶や蓮茶、ジャスミン茶、アーティチョーク茶など、さまざまな茶葉がブレンドされたもの。緑豆あん入りの上品なフエ菓子と一緒にいただいて、コース料理を締めくくります。

数あるベトナムの名物料理のなかで、地名を冠するのはフエ料理だけ。そのくらい、フエ料理は独特の位置づけにあります。フエ料理の中身はいくつかあり、なかでも代表的なものは、都をおさめる皇帝たちが食べていた「宮廷料理」です。気候が厳しいフエで調達できる食材は限られていたため、当時の宮廷料理人たちはさまざまな知恵をしぼり、工夫をこらし、美しくおいしい料理を編み出しました。健啖家《けんたんか》で贅を尽くした皇帝や、庶民と同じ質素な食生活をすることで民に感謝を表した皇帝、フランスにかぶれて西洋の食式を好んだ皇帝など、当時の食生活をのぞいてみると、時代ごとに食の個性やこだわりが大切にされていたこともわかります。

一方、華やかな宮廷料理だけがフエ料理かと思えば、そういうわけではありません。地元の特産物を使った屋台料理や、庶民の間で伝わってきた家庭料理なども、フエを代表する美味です。その昔、庶民の料理も王に献上されていたという歴史あり。屋台の麺の丼が小ぶりであったり、家庭のおかずは一品の量を少なくして種類を多くしたりと、「おいしいものを少しずつ、いろいろ食べる」という宮廷料理の名残は、庶民料理の中にも自然に根付いています。都人として誇りをもち、上品を身上とするフエ人は、王宮と市井の食文化を混ぜ合わせることで一目おかれる食文化を築き上げてきたのです。

阮朝のラストエンペラーが退位したのは一九四五年。王朝時代が幕を閉じ、その後の戦争の混乱なども手伝って、宮廷料理の伝統的な味や調理法を継承する料理人は途絶えました。現代に宮廷料理と呼ばれるものは、書物に残る記録や料理研究家の手によって再現された復刻料理や、「宮廷風○○」と名のつく料理。つまり、私たちが食べられる料理も、残念ながら生きた歴史のなかで伝わってきたものではないということです。

兵《つわもの》どもが夢のあと。豪華絢爛に彩られたフエ料理の食卓を眺めるとき、私はいつも、どの皿にもほんの少しの哀愁がのっているような気がしてなりません。

雨女の豚串

ベトナム中部に位置するホイアンは、古くから貿易都市として栄えた港町です。日本や中国との繋がりも深く、それらの面影が今なお色濃く残るエキゾチックな情景が、訪れる旅人の時間をしばし止める。半日もあればまわれてしまう小さな街ですが、一九九九年に世界遺産に登録され、近年では海沿いにリゾート開発も進み、ツーリストタウンとして着々と発展を遂げています。

そんなホイアンには、「カオ・ラウ（煮豚のせ和え麺）」「ホワイトローズ（えびすりみを米皮で包んで蒸したもの）」「揚げワンタン」とみっつの名物料理があります。いずれも観光客向けのレストランに入れば気軽に食べられる、ホイアンではおなじみの料理たちです。でも、私が個人的に思い出深いホイアンの味といえば、なんといってもあの大洪水を語らずにはいられません。自他ともに認める雨女の私、二〇〇七年の秋、この街で十一年ぶりだという大雨に遭遇しました。

ホイアン風チキンライス

洪水前夜、私はズボンの裾をたくし上げ、波打ち際さながらにビーチサンダルで水しぶきをあげながら、どうしても食べたかったチキンライス屋台へ急いでいました。ホイアンはもともと土地が低いため、雨季には川沿いの道へ水があふれてしまうのは日常茶飯事でしたが、明日はもう食べられないから今夜のうちに必ず食べておけと、旅の脳から直感的な指令がくだったのです。

中国の海南鶏飯にルーツのあるチキンライス「コム・ガー」は、ベトナム全土で食べられている大衆めし。地域によってさまざまなスタイルがあり、私はホイアンの裂き鶏コム・ガーが贔屓です。鶏のゆで汁にターメリックを加えて炊いたほんのりと黄色いごはんの上に、こまかく裂いた鶏肉、薄切りたまねぎと香草をたっぷりとのせる。好みでライム

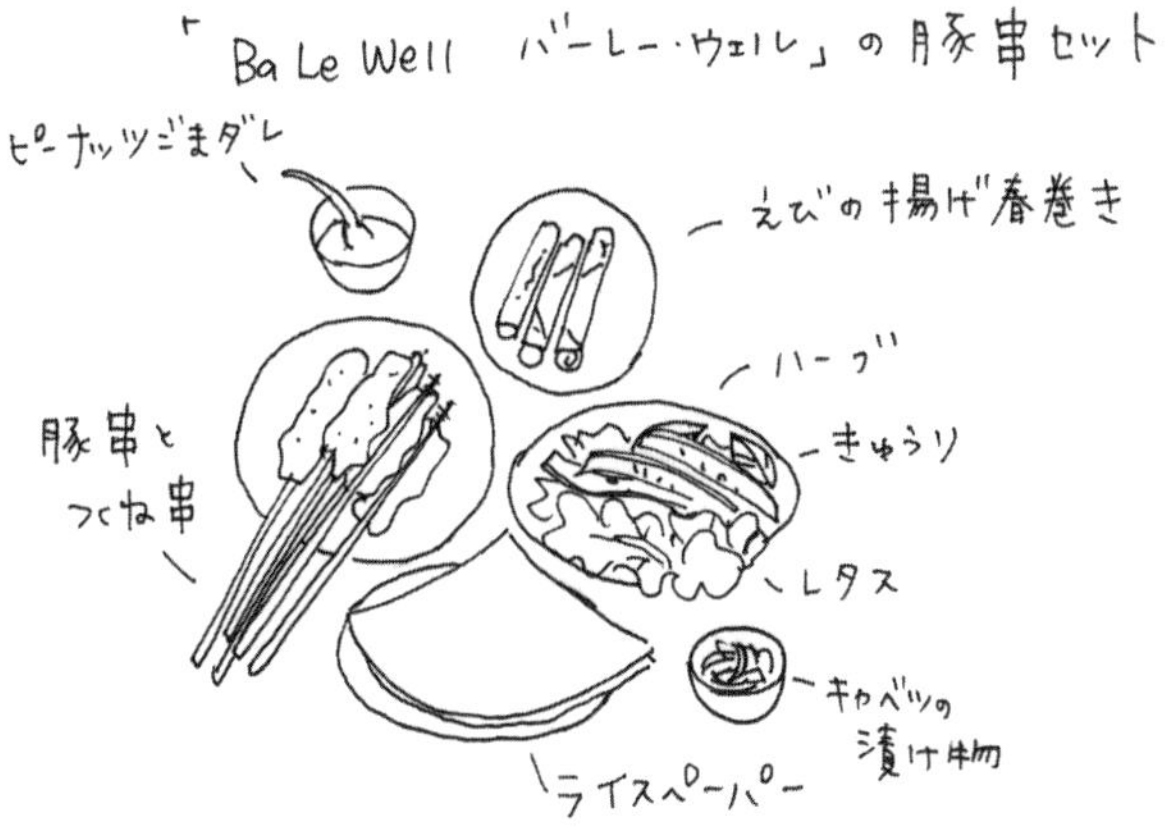
「Ba Le Well バーレー・ウェル」の豚串セット
ピーナッツごまダレ
えびの揚げ春巻き
ハーブ
豚串とつくね串
きゅうり
レタス
キャベツの漬け物
ライスペーパー

をしぼったりたらしたりして、米とよく混ぜながら食べるのがホイアン流。鶏の脂を生野菜やライムがさっぱりと中和して、サラダのように軽やかに食べられるのがお気に入りです。

バケツをひっくり返したような土砂降り雨の夜だって、ビニールテントのチキンライス屋は通常営業。ひと息ついてメニューを開くと、奥のキッチンで次から次へと鶏肉をさばいていくおばちゃんが、酔狂な旅行者ににっこりと笑いかけてくれました。

豚串と氷入りビール

雨足がちっとも弱まらないなか、チキンライス屋から足を伸ばしてもう一軒。バーレー井戸の近くにある、その名も「Ba Le Well（バーレー・ウェル）」

という豚串焼き屋を訪れました。メニューは豚串焼き、つくね焼き、ミニサイズのバイン・セオ、えびと分葱の揚げ春巻き。それに山盛りの野菜とハーブ、キャベツの漬け物、ライスペーパー、ピーナッツごまダレ。黙って座れば自動的に出てきます。これらは一品ずつのおつまみかと思いきや、おかずを野菜と一緒にライスペーパーで包んで食べる。つまり、おかずでもおつまみでもなく、すべてがライスペーパー手巻きの具なのです。

串焼き五本とバイン・セオひとつ、揚げ春巻き二本、氷入りビール。たっぷりと一時間ほどの雨宿り。湿気がまとわりつく体には、氷入りビールの気の抜けた温度がちょうどいいみたい。明日はどうなるのかなぁ。かじるハーブでほてった胃袋を冷ましながら、暗い空から降ってくる雨の線を、私はずっとぼんやり眺めていました。

路地裏の草餅

翌朝、目が覚めると宿の窓のすぐ下から船のエンジン音が聞こえてきました。おそるおそるカーテンを開くと、昨日までバイクの行き交っていた道はコーヒー牛乳みたいな色の川へと変貌《へんぼう》し、ありったけの家財道具を小舟に積み、どこかへせっせと運んでいくベトナム人の姿があちらからこちらへ。宿の一階にはすでにたっぷりと水が浸入し、下りた階段の先はまるで船着場のような有り様です。どこへも出かけられないなか、お腹ばかりがへっていく。そういえば、と昨日買った草餅を思い出し、お湯をたのんで日本から持ってきたほうじ茶のティーバッグを淹れました。

旧市街の目抜き通りから狭い路地を入ったところに、「バイン・イット・ラー・ガイ」とよばれる餅菓子を売る小さな民家がありました。それは、ホイアン沖のチャム島に自生するガイの葉を餅に練りこみ、黒い色と清々しい香りをつけ、なめらかな緑豆あんを包んだ郷土菓子。街がまだ水に浸かっていなかった昨日の昼間、店のおばちゃんにあれこれ話を聞かせてもらったお礼にと、少し多めに買って帰っていたのでした。思いがけず緊急災害時の非常食になった草餅の、ほっとする素朴な甘さに感謝しきりです。

いわゆるホイアン三大料理はどこで食べたかすらあまり覚えていないのですが、チキンライス、豚串、草餅の三つに関しては、食卓の情景やそこに居合わせた人との会話まで、今でもくっきりと思い出すことができる。旅先の食の記憶というのは、案外そういうものかもしれないなぁと思っています。

簡単レシピ

この本に出てくる料理のおいしさが伝わるよう、日本で手に入る材料で再現したレシピたちです。旅の前のお楽しみに、旅のあとの思い出にどうぞ。

鶏肉のフォー
Phở Gà

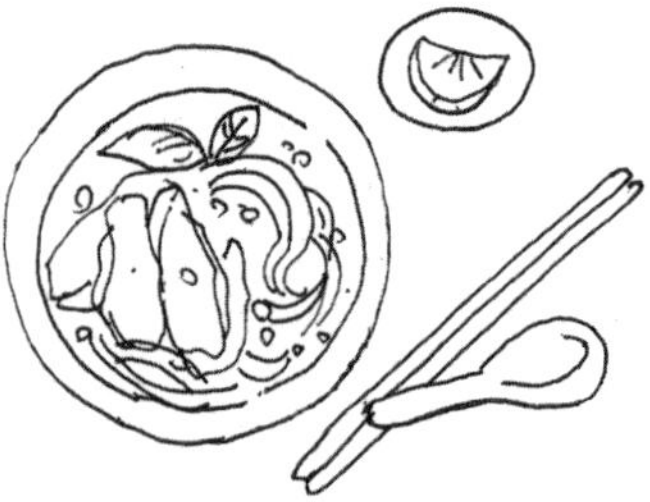

材料（2人分）

フォー（乾燥）　150g
鶏もも肉（ゆでたもの）　1/2枚
鶏もも肉のゆで汁　4カップ（足りなければ水を足す）
もやし　50g
細ねぎ（小口切り）、バジル、レモン　各適量
こしょう　少々

A
ヌックマム　大さじ1/2
塩　小さじ1
砂糖　小さじ1/2

作り方

1　フォーはたっぷりの水に30分ほど浸けてやわらかくもどし、水気をきる。

2　鍋に鶏のゆで汁を煮立て、**A**で調味してスープを作る。

3　別鍋に湯を沸かし、フォーを1人分ずつゆでて器に盛る。食べやすく裂いた鶏肉、もやしをのせ、熱々のスープを注ぐ。細ねぎとバジルをのせてこしょうをふり、レモンをしぼって食べる。

ベトナム料理作りに
欠かせない「ヌックマム」。
基本調味料の魚醤です。
まずはヌックマム1本買って…

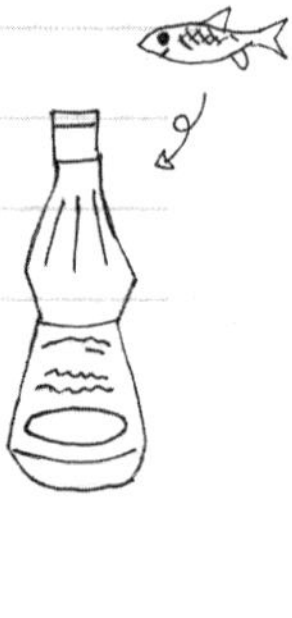

豚つくね入りつけ麺
Bún Chả

材料(2人分)

ブン(乾麺)　150g
豚ひき肉　150g

A
　たまねぎ(みじん切り)　1/8個
　にんにく、しょうが(ともにみじん切り)　各1/2かけ
　ヌックマム　大さじ1/2
　砂糖　小さじ1/2
　こしょう　適量

B
　にんじん(いちょう切り)　20g
　大根(いちょう切り)　30g
　水、酢　各大さじ1
　砂糖、塩　各少々

C
　湯　1と1/4カップ
　砂糖　大さじ2
　ヌックマム　大さじ2と1/2
　酢　大さじ1と1/2
　にんにく、唐辛子(ともにみじん切り)　各少々
★サニーレタス、青じそ、ミント、バジル　各適量

作り方

1　ボウルに豚ひき肉、**A**を入れて粘りが出るまでよく練り混ぜる。

2　**B**の野菜を調味料に30分ほど漬け、なますを作る。
Cを合わせて浸けダレを作る。

3　フライパンを熱して油をひき、一口大の小判形に丸めた**1**をこんがりと焼く。

4　ブンは水に15分ほど浸けてやわらかくもどし、熱湯でゆでて水洗いしてザルにあげておく。

5　器に**2**のなますと浸けダレ、**3**のつくねを入れる。
別皿に**4**のブン、★を盛って添え、浸けダレのなかに好みで加えて食べる。

＊ブンはベトナムの細米麺。手に入らない場合は、そうめんでもおいしく作れます。

バイン・セオ

Bánh Xèo

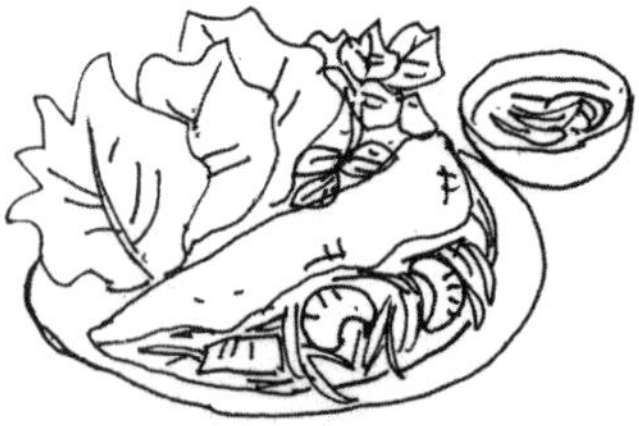

材料(直径27cmのフライパン1枚分)

えび　4尾
豚バラ薄切り肉　50g
たまねぎ(薄切り)　1/8個
もやし　100g

A
大根(千切り)　40g
にんじん(千切り)　20g
水、酢　各大さじ1
塩、砂糖　各少々

B
水　大さじ3
砂糖、ヌックマム、レモン汁　各大さじ1

C
米粉(インディカ米のもの)　35g
薄力粉　15g
塩　少々
ターメリック　小さじ1/4
水　120～130ml
細ねぎ(小口切り)　1本
★サニーレタス、青じそ、ミント、
香菜　各適量

作り方

1 **A**の野菜を調味料に30分ほど漬け、なますを作る。
Bを合わせてタレを作る。なますとタレは小皿に合わせておく。

2 えびは殻と尾をむいて半分に切り、背ワタをとる。
豚肉は4cm幅に切る。

3 ボウルに**C**の材料を入れ、ダマにならないようによく混ぜ合わせる。

4 フライパンに油少々を熱して**2**を炒め、火がとおったらとり出す。

5 同じフライパンに油を薄くひいて熱し、**3**の生地を流し入れ、全体に広げる。表面が乾いてきたら弱火にし、もやし、たまねぎ、**4**をのせ、ふたをして30秒ほど蒸し焼きにする。ふたをはずして火を強め、鍋肌から大さじ3の油を流し入れ、生地がパリッとするまで揚げ焼きにする。

6 器に盛って★を添える。食べやすく切り分けて、ハーブやなますと一緒にサニーレタスで巻き、タレにつけて食べる。

＊インディカ米の米粉は、日本では台湾産のものが手に入ります。
ない場合は日本の米粉で代用してもよいですが、できあがりの食感が多少異なります。

鶏肉のお粥
Cháo Gà

材料（2人分）

米（インディカ米）　1/2カップ
鶏手羽先（ゆでたもの）　4本
しょうが　1/2かけ
手羽先のゆで汁　2と1/2カップ（足りなければ水を足す）

A
　ヌックマム　小さじ1/2
　砂糖　小さじ1/4
　塩　少々

細ねぎ（小口切り）、香菜（刻む）、レモン　各適量
ごま油、黒こしょう　各適量

作り方

1　米は洗わずにフライパンに入れ、弱火で色づかない程度に5分ほど炒る。

2　手羽先は骨から身をはずし、食べやすく裂いておく。しょうがは千切りにして水にさらし、水気をしぼる。

3　鍋に手羽先のゆで汁を煮立てて**1**を加え、とろ火にしてコトコトと炊く。お粥が炊けたら**A**で味をととのえる。

4　器に盛って**2**、細ねぎ、香菜をのせ、ごま油をまわしかけて黒こしょうをふる。レモンをしぼって食べる。

クリームチーズのバイン・ミー
Bánh Mì Phô Mai

材料（1本分）

ソフトフランスパン　20cm

A
　大根（千切り）　20g
　にんじん（千切り）　10g
　水、酢、砂糖　各大さじ1/2
　塩　少々

クリームチーズ（常温に出しておく）　50g
きゅうり（縦薄切り）　1/4本
トマト（薄切り）　1/4個
香菜　適量
ホットチリソース、こしょう　各適量

作り方

1　**A**の野菜を調味料に30分ほど漬け、なますを作る。
2　パンをあたためて横から切り込みを入れ、開いたパンの上下にクリームチーズをぬる。きゅうり、トマト、なますの順にはさみ、ホットチリソースをかけ、香菜をちらしこしょうをふる。

バナナとタピオカのチェー
Chè Chuối

材料（2人分）

バナナ　大1本
タピオカ（小粒、乾燥）　20g

A
　ココナッツミルク　1カップ
　水　1/2カップ
　砂糖　40g
　塩　少々
ピーナッツ（刻む）、水溶き片栗粉　各適量

作り方

1　バナナは皮に切りこみを入れてラップで包み、電子レンジ（600W）で 1分ほど加熱する。ところどころ黒っぽくなったら皮をむいて一口大に切る。

2　鍋にたっぷりの湯を沸かしてタピオカをゆで、冷水にとってザルにあげる。

3　別鍋に**A**を入れて火にかけて砂糖を溶かし、**1**、**2** を加えて軽く煮る。水溶き片栗粉でゆるくとろみをつけ、器に盛ってピーナッツをちらす。

おわりに

ベトナムにいて、好きやなぁと思うところ。

人や街や食材が元気でいきいきしている。

喜怒哀楽と五感が、激しくなったり敏感になったりで忙しい。

歩くのも考えるのも食べるのも、ゆっくりやるほうがだいたいうまくいく。

バイクの後ろに乗っけてもらうとき。特に乾季のスコーンと晴れ渡った青空の下や、スコールのあとに涼風が出てきた夕暮れどき。

ベトナムと私の関係は恋愛に似ています。会うたびに好きになって、もっと知りたくなってしまう。いつまでも好きでいたいから、良いところも悪いところも長い目で見て、ずっと付かず離れずの距離を保っていたい。それで気がついたら、もう十五年も想い続けているのでした。

この本は、私がベトナムで綴っている日記やスケッチを、あらためて紙の上にまとめたものです。書いている間にも現地へ出かけたので、文章の空気はより濃密なものになりました。パソコンの横に十五年分のノートを広げ、断片的な記憶やかたまった思い出を少しずつほぐす。それを文字にして打ちこんでいくと、あのときに見たもの、そのときの感動が、ゆっくりゆっくり輪郭をあらわし始める。脳内はすっかりベトナムへ飛び、書きながらまた恋しくなって、切ない気分になったりもしました。

私が旅を始めた頃に比べれば、ベトナムもずいぶん旅行しやすい国になりました。ホテルはウェブサイトで情報検索し、必要事項を入力すれば予約完了。飛行機の時間が遅れたり変わったりしても、以前ほどストレスを感じる対応はされなくなりました。だいたいの場所で英語が通じ、インターネットでは最新の街情報が手に入り、市場の食堂でさえ定価を表示して明朗会計。ガイドブック片手に歩きまわって宿を決めたり、自分と同じような旅行者を探しておいしい店を教えてもらったり、毎日通って顔馴染みになるほど下がっていく屋台のジュースの値段なんて、もう遠い昔話のようです。

それでもなお、私にとってのベトナムは、感動のアップデートの連続です。おいしさを保証された人気の料理よりも、雨宿りに入ったカフェのコーヒーがおいしかったこと。目的の場所に向かう途中で、ふいに目にした美しい夕焼け。飛行機が遅れて足りなくなった時間は、時間以上の感動で補えたからオーライ。ベトナムにはベトナムだけに流れる時間があって、そのリズムに自分の体内時計がぴたりと合ったとき、今日もまたいい旅ができたなぁとしみじみできる。

皆さんは、どんな旅をしていますか？　この本をきっかけに出かけた先で、皆さんだけの体験と感動が待っていますように。ベトナムをひと口かじってみれば、その向こうにある味わいをもっと感じてみたくなって、夢中になること請け合いです。

帰りは
行きの荷物の
3倍になります…

ホテルのこと

一泊二百ドル以上の高級ホテルから、十ドル前後で泊まれるゲストハウスまで、ベトナムの宿は豊富です。

ハノイやホーチミンの都市部では、清潔で設備も十分なお手頃ホテルがたくさんあり、私は「ミニホテル」とよばれるランクのホテルをよく利用します。また最近は、「ブティックホテル」とよばれる、内装デザインに力を入れたお洒落なエコノミーホテルも増えてきました。料金は一部屋一泊、ミニホテルで二十~四十ドル、ブティックホテルで四十~百ドル程度が目安。高級ホテルでなくとも、設備、セキュリティ、サービスいずれも質が上がってきたため、昔に比べて選択肢はぐっと広がったように思います。ホテル選びに迷ったときは、「立地が良い」「部屋が広い」「エレベーター完備」など、自分なりに譲れない条件をいくつか絞ってみると探しやすくなります。

都会を離れ、ちょっとひと休みの旅をするときは、リゾートタイプのホテルに滞在してみるのもおすすめです。ツアー会社を通さず個人で手配したり、ちょっぴり贅沢な部屋も二人で泊まれば意外と安かった、という発見も。

最近は、ホテルと直接やりとりをしなくても、インターネットの予約サイトから気軽に、かつリーズナブルに予約できるようになりました。特にミニホテルは部屋数が少ないので、気になるところが見つかったら、早めに事前予約していくことをおすすめします。

私が実際に宿泊したおすすめのホテルを、個人的な感想を添えていくつかご紹介します。

★ラベンダー・ホテル
Lavender Hotel

女性のひとり旅、ふたり旅におすすめのブティックホテル。客室はホテル名のとおり薄紫色を基調にまとめられ、上品で落ち着いた雰囲気。コンパクトなサイズですが、アメニティやセーフティボックスなど必要最低限の設備は揃っています。

最大の魅力は、ベンタイン市場の裏という立地の良さ。市場はもちろん、中心部のどこへ行くのにも便利なロケーションです。また、ホテルの隣には夜遅くまで営業しているミニスーパーがあり、飲みものや日用品、スナックや調味料などのちょっとしたお土産も探すことができます。

住所：208-210 Le Thanh Ton, Dist.1

ホーチミン HO CHI MINH

★アンアン・ホテル
An An Hotel

バックパッカーが集まるエリアにあるミニホテル。ベトナム独特の長い建物で、十一階建てのエレベーター完備。部屋は清潔で明るく、開放感があります。スタッフの応対もテキパキしていて好印象。

街の中心部までは徒歩十〜十五分ほど。ホテルの周囲にはカジュアルな飲食店やバーが多く、夜遅くまで旅行者たちでにぎわいます。そのほか、日本語が通じる現地ツアーのオフィスが近くにいくつかあるので、メコンデルタなどへリーズナブルに個人旅行したい方にも便利な立地です。

住所：40 Bui Vien, Dist.1

★シナモン・ホテル
Cinnamon Hotel

ハノイ大教会の横に位置するブティックホテル。旧市街にも、ホアンキエム湖にも五分ほどで行くことができるロケーションが魅力。小さいながらも、木やタイルをうまくとり入れたナチュラルな内装が落ち着きます。エレベーターがないため客室への移動は階段のみ、上階の部屋になると上り下りが少し大変かも。大きな荷物はたのめばもちろん運んでくれます。

同じ通りに、同系列「シナモン・カテドラル・ホテル」もオープン。こちらはよりモダンな雰囲気で、1階には明るいレストランスペースがあります。ホテルのすぐ隣には人気のフォー屋があるので、朝ごはんにぜひどうぞ。

住所：26 Au Trieu, Dist. Hoan Kiem
*「シナモン・カテドラル・ホテル／Cinnamon Cathedral Hotel」は、38 Au Trieu, Dist. Hoan Kiem

★スプリング・フラワー・ホテル
Spring Flower Hotel

旧市街の真ん中にあるミニホテル。まわりには飲食店やコンビニ、両替所が揃い、週末は近くの通りにナイトマーケットも立つため、旧市街散策にはこれ以上ない立地です。にぎやかなエリアながらも、ホテルに一歩入れば静かな点もポイント高し。部屋は少し古めかしい雰囲気ですが、ゆったりと広いバスタブ、ドライヤー、セーフティボックスなど、ミニホテルながらも設備はしっかりしています。

サービスに定評があり、特に女性スタッフの気配りが行き届いています。チェックイン時に周辺マップをもらえるので、おすすめのグルメ、ショップ情報を相談するのも楽しいと思います。

住所：45 Hang Bo, Dist. Hoan Kiem

★ピルグリミッジ・ヴィレッジ
Pilgrimage Village

閑静で緑豊かな場所に建つ、開放感いっぱいのリゾートタイプホテル。ホテル全体が森のような植物いっぱいの空間で、独立型やコネクティングルームなどタイプの違うヴィラが点在しています。広いプールやナチュラルなスパなど館内施設も充実。宿泊者以外も利用できる「じゅんれい」レストランは、モダンなフエ郷土料理に定評があります。

フエ市街地から車で約十分の立地。中心部から少し離れていますが、しばしバイクの喧噪から逃れ、落ち着いて滞在したい派にはぴったり。街まではシャトルバスでアクセスできます。

住所：130 Minh Mang

フエ HUE

★ヴェダナ・ラグーン・リゾート&スパ
Vedana Lagoon Resort & Spa

フエの空港から車で約三十分、ダナン空港からは約一時間。小さな漁村の外れの岬に建つ隠れ家ホテルです。客室は、静かなラグーンに浮かぶベトナム初の水上コテージと、ラグーンを望む丘の上に建つヴィラの二タイプ。まわりには一切なにもなく、手つかずの自然にかこまれた（そのため部屋に虫も出ますが）、究極のプライベートリゾートです。

広い敷地内の移動はカートか自転車が基本ですが、涼しい時間帯であれば散歩もおすすめ。特筆すべきは散歩道から眺めるサンライズとサンセットで、ラグーンに映えるオレンジ色の太陽は圧巻です。

住所：Zone1, Phu Loc Town, Dist.Phu Loc

本書に登場するお店の住所録です。
ホーチミンとハノイに行ったら、ぜひのぞいてみてください。

※街が急速に変化を遂げるベトナムでは、店の営業時間や定休日、所在地などは予告なく変更になる場合が多いのでご注意ください。1月〜2月の旧正月シーズンには閉まる店も多くあります。
※市外からハノイやホーチミンへ電話をするときは、市外局番が必要です。記載している電話番号の前に、ハノイは「024」、ホーチミンは「028」を付けます。

ホーチミン&ハノイのおすすめ住所録(50音順)

ホーチミン HO CHI MINH

★カフェ・ケム・ハイ・ムイ・トゥー/
Cafe Kem 24(カフェ)
住所 24 Ho Huan Nghiep, Dist.1
電話 8292871

★キム・タイン/
Kim Thanh(軽食&甘味処)
住所 4 Le Van Huu, Dist.1
電話 38293926

★クイン/ Quynh(フー・ティウ専門店)
住所 A65 Nguyen Trai, Dist.1
電話 38369145

★コム・ガー・ドン・グエン(東源鶏飯)/
Com Ga Dong Nguyen(コム・ガー専門店)
住所 87-91 Chau Van Liem, Dist.5
電話 38557662

★ソイ・チェー・ブイ・ティー・スアン/
Xoi Che Bui Thi Xuan(チェー&おこわ専門店)
住所 111 Bui Thi Xuan, Dist.1
電話 38332748

★ホア・ヴィエン/
Hoa Vien(ビアホール)
住所 18 bis/28 Nguyen Thi Minh Khai, Dist.1
電話 38290585

★ドン・ニャン・コム・バー・カー/
Dong Nhan Com Ba Ca(大衆食堂)
住所 42 Truong Dinh, Dist.1
電話 8221010

★ニュー・ラン/ Nhu Lan(ベーカリー)
住所 50 Ham Nghi, Dist.1
電話 38292970

★バイン・セオ・ボン・ムイ・サウ・アー/
Banh Xeo 46A(バイン・セオ専門店)
住所 46A Dinh Cong Trang, Dist.1
電話 38241110

★バイン・ミー・フーン・タオ/
Banh Mi Phuong Thao(バイン・ミー屋台)
住所 194D Pasteur, Dist.1
電話 9138075

★ラウ・イェー・チュン・ディン/
Lau De Truong Dinh(ヤギ鍋専門店)
住所 105 Truong, Dinh, Dist.3
電話 39304296

★リファイナリー/
The Refinery(カフェ&ビストロ)
住所 74/7C Hai Ba Trung, Dist.1
電話 38230509

ハノイ HANOI

★カフェ・ディン／Cafe Dinh（カフェ） 住所 13 Dinh Tien Hoang, Dist. Hoan Kiem 電話 38242960	★チェー・ボン・ムア／Che Bon Mua（チェー屋） 住所 4 Hang Can, Dist. Hoan Kiem 電話 098-4583333
★カフェ・フォーコー／Cafe Pho Co（カフェ） 住所 11 Hang Gai, Dist. Hoan Kiem 電話 39288153	★ハイウェイ・フォー／Highway4（少数民族料理レストラン＆バー） 住所 5 Hang Tre, Dist. Hoan Kiem 電話 39264200
★カフェ・ハイ・ムイ・チン／Cafe 29（おこわ＆ブン・タン専門店） 住所 29 Hang Hanh, Dist. Hoan Kiem 電話 不明	★ハイ・ソム／Hai Xom（ビア・ホイ） 住所 22 Tang Bat Ho, Dist. Hai Ba Trung 電話 39719900
★カフェ・ラム／Cafe Lam（カフェ） 住所 60 Nguyen Huu Huan, Dist. Hoan Kiem 電話 8245940	★ビン・ミン／Binh Minh（焼き鳥専門店） 住所 5 Ly Van Phuc, Dist. Dong Da 電話 38434583
★クアン・コム・フォー／Quan Com Pho（家庭料理レストラン） 住所 29 Le Van Huu, Dist. Hai Ba Trung 電話 39432356	★フォー・ザー・チュエン／Pho Gia Truyen（牛肉フォー専門店） 住所 49 Bat Dan, Dist. Hoan Kiem 電話 不明
★コン・カフェ／Cong Caphe（カフェ） 住所 35A Nguyen Huu Huan, Dist. Hoan Kiem 電話 62925814	★フォー・ボー・オー・チウ／Pho Bo Au Trieu（牛肉フォー専門店） 住所 32 Au Trieu, Dist. Hoan Kiem 電話 不明
★ダック・キム・モッ／Dac Kim 1（ブン・チャー専門店） 住所 1 Hang Manh, Dist. Hoan Kiem 電話 8285022	★フォーン・セン／Huong Sen（蓮茶販売店） 住所 15 Hang Dieu, Dist. Hoan Kiem 電話 38246625
★チャー・カー・ラ・ボン／Cha Ca La Vong（チャー・カー専門店） 住所 14 Cha Ca, Dist. Hoan Kiem 電話 8253929	★レジェンド・ビール／Legend Beer（ビアホール） 住所 1-5 Dinh Tien Hoang, Dist. Hoan Kiem 電話 39360345

高谷 亜由（たかや あゆ）
料理家、料理講師。1979年生まれ、京都を拠点に活動。料理教室「Nam Bo（ナンボー）」主宰。ベトナム、タイ料理を教える。日本の食卓に異国料理の普及を推進しながら、日々の小さな料理にも愛情を注ぐ。お酒好き、旅好き。著書に『ベトナムのごはんとおかず』（アノニマ・スタジオ）、『15分でうまっ！ ベトナム&タイごはん』（家の光協会）、『終電ごはん』（共著、幻冬舎）などがある。

本書に記載した記事の内容やデータは2015年10月現在のものです。

水上マーケットの朝、アヒル粥の夜
あっちこっちベトナム旅ごはん

2015年12月15日 第1刷発行

著者 高谷亜由
発行者 見城 徹
発行所 株式会社 幻冬舎
〒151-0051 東京都渋谷区千駄ヶ谷4-9-7
電話 03-5411-6211（編集）
03-5411-6222（営業）
振替 00120-8-767643
印刷・製本所 図書印刷株式会社

検印廃止

ISBN978-4-344-02872-2 C0095
幻冬舎ホームページアドレス http://www.gentosha.co.jp/
この本に関するご意見・ご感想をメールでお寄せいただく場合は、comment@gentosha.co.jp まで。